相続で成功するポイントは不動産のプロが知っている！

共著
大澤健司
（株式会社K・コンサルティング 代表取締役）
不動産相続の相談窓口

まえがき

今、この本を手に取っている皆さんは、「相続」について何かしら関心を持っている方なのでしょう。素晴らしいことだと思います。

普段、健康に生活をしていると相続のことを意識することは多くありません。私自身もそうでした。

しかし今は、多くの方に「相続」について元気なうちに考えてみて欲しい、そして相続の相談には、私たちのような〝地元をよく知り、相続知識のある不動産のプロ〟が関わるべきだと強く思っています。

私が相続に取り組むきっかけとなった出来事を紹介します。

私は当時、不動産会社で賃貸部門の責任者をしていました。ある時、自社で長らく管理を任されていたアパートのオーナーさんが亡くなって相続が起きたことをきっかけに、アパートを引き継いで何も知らない娘さんが、税理士に相談のうえ、アパートを他社で売却してししまったのです。これは、不動産会社の担当としては大失態でした。

自社の大きな管理物件が知らないところで売却され、しかも売却をしたのが当時のライバル会社だったからです。その娘さんに悪気はまったくありません。

そのオーナーさんは多くの資産をお持ちだったのですが、アパートやその他の資産の相続について、生前に対策は特にしていませんでした。何の準備もない状態でアパートを引き継いだ娘さんは、税理士に相談し、勧められるままに売却を決めたそうです。

もし先に自社に相談をしてくれていれば、ライバル会社によって売却されるという事態は避けられたかもしれないのにと思いました。また、この家族は結果的に親の残した不動産資産を手放すこととなったわけですが、本当に売却することが正しい選択だったのかどうか、不動産の活かし方についてなら不動産会社のほうが慣れていたはずとも思いました。

一方、逆転の発想で、もし他に同じような状況のオーナーさんがいるのであれば、自身が相続の相談に乗ることで、新たに自社で不動産の取引に関わる機会も得られるのではないかと思いました。

この経験をきっかけに、私は相続について勉強を始め、相続に関わる相談に積極的に乗るようになりました。

はじめはそのようなビジネス上での出来事がきっかけだったわけですが、以来、相続の相談に乗るようになって見えたのは、思った以上に相続について悩んでいる方々が多いということでした。

相談に訪れる皆さんに共通していることが3つあります。

1つ目は、今までに相続に関わることで相談できる先がなかったということ。2つ目は、資産の大小にかかわらず、資産をどう残し、どう分けるかが問題になっているということ。3つ目は、家族でもめたいと思っている人は誰一人いないということです。

そしてそのような時にポイントとなるのが、実は、不動産資産の扱い方なのです。

詳細な理由は本の中でお伝えしますが、一つは、不動産は分けにくいからです。日本の家計資産の内訳をみると、土地や建物といった不動産資産が現預金よりもはるかに多いです。資産をどう残し、どう分けるかを考える時、不動産資産をどうするかということを避けては通れないのですが、現預金などと違って、不動産資産は分けにくいのです。下手な分け方をしたり、共有をしたりすることで、資産の価値が下がったり、トラブルになったりしかねません。

もう一つの理由は、不動産は価値がわかりにくいからです。不動産の評価は独特で、素人にはわかりづらいです。また、その場所から動かすことができないこともあり、ある人にとっては価値があるものの、別の人にとっては価値がないということがあるほか、その資産の収益性や市場が変わると価値は大きく変動します。

多くの方が抱える問題を突き詰めていくと、〝地元をよく知り、相続知識のある不動産のプロ〟としてアドバイスし、不動産を含む家族の資産を適切に引き継いでいくお手伝いをすることこそが、悩んでいる方々の円満な相続を実現することにつながるのです。

実際に、私自身、多くの方から相談を受け、悩みやトラブルに向き合ってきました。そして、家族に寄り添い、相続や不動産の知識をもって対応することで、円満な相続の実現に立ち会って来ました。

しかし、中には相談に来る時点ですでに家族でもめていたり、対策を講じるのに手遅れの状況になっていたりする方もいらっしゃり、「ちょっと知っていればトラブルにならなかったのに……」と思える事例も多く目にしてきました。だからこそ、皆さんにお伝えしたいのは、「相続」については元気なうちに考えることが大事だということです。

「相続」という言葉を聞くと、馴染みを感じにくいかもしれませんが、相続で考えることはつまるところ、家族が築いてきたものを子どもたちがどう引き継いでいくかということです。自分に、親に、もしものことがあった時にどうするかを考えること。相続の対策はそこから始まります。

「自分の死後、残った家族が円満に、笑顔で暮らして欲しい」

「残された自分たち家族が、親の思いを受け継ぎながら幸せに暮らしたい」

こう願うなら、対策を始めるのに早すぎるということは決してありません。

この本が、皆さんが「相続」について考え、話し合い、行動を起こすきっかけになれば幸いです。

2018年12月

大澤健司／不動産相続の相談窓口

もくじ

まえがき……3

第1章 相続トラブルがあなたにも起こりうる現状を知りましょう！

相続では、「相続」ならぬ「争族」が増え続けている……16
団塊の世代から「資産の移転」が本格化し、相続トラブルの増加も予想される……19
「ウチは財産がないから大丈夫」これが最も危ない？……21
相続税がかかるかどうかより、資産をどう分けるか……23
「感情とお金が複雑に絡み合う」から、相続のトラブルは解決が難しい……26
相続の事前対策は、親がしてやれる最後の仕事……29

第2章 トラブルになりやすい不動産の相続

日本で起きる相続は、かなりの部分が不動産の相続……34
不動産は分けにくい。だから、相続では不動産がもめる……36
不動産の価値はわかりにくい。ここも相続トラブルの一因に……39
相続税の評価と不動産としての価値は必ずしも一致しない……42
不動産の共有は、百害あって一利なし……44
子どもがいない夫婦では、自宅の相続が問題になる場合がある……47

第3章 相続の事前対策として、不動産会社を活用する時代に

相続の事前対策は非常に多岐にわたる。みんなが相談先に困っている？……52

相続対策の相談は不動産のプロへ。相続で成功するポイント……54
土地の有効活用で、「負動産」を「富動産」に作り替えることができる……58
子どもや孫の代まで視野に入れ、対策を講じることが大切……60
利用価値の低い土地を相続しても、諦めるのは早い……62

第4章 不動産相続対策でも、認知症は避けては通れない問題

どの家族にも、認知症の高齢者がいることが当たり前の時代に……66
認知症になってしまったら、「守りの対応」しかできない……68
認知症になると、遺言の効力が問題になることも……70
認知症の相続人がいる場合、遺言がないと不動産を共有するリスクが高くなる……72
家族信託を結んでいれば、認知症になっても有効な対策が打てる……74
「お父さん（お母さん）、また同じことをいっている」……。それが決断する時……76

第5章 遺言書を書くことが不動産相続対策の第一歩になる
～イザという時のための相続シミュレーション～

相続対策の基本「遺言書」作成と、そのポイント……80
遺言書があれば、イザという時に最後の砦になる……82
自己流の遺言は混乱のモト!? 守らなければならない細かいルールがある……84
公正証書遺言は2人以上の証人が必要で、基本的には公証役場へ出向いて作る……87
遺言書に必要な項目を洗い出すことは、人生の棚卸になる……90
相続シミュレーションとして、遺言書を書いてみよう……92
遺言書は、弱ってからではプレッシャーで書けなくなる……94
エンディングノートから、遺言書の練習を始める方法もある……96
作った遺言書をもとに、家族の希望をヒヤリングする……98
親に相続の相談をしたければ、子どもはまず自分で遺言書を書いてみる……100
親の思いと子どもの希望を結ぶ。ここが不動産相続トラブルを回避するコツ……102

第6章 不動産相続の事例集
～「不動産相続の相続窓口」編～

よくわかるケーススタディ「不動産相続の事例」の読み方……108
事例1 高齢の母親は広い敷地に住んでいる。相続時に、姉妹が土地の分割を要求してくる可能性がある……110
事例2 自分には子どもがなく、無職の妹がいる。妹に資産を残してあげるためにできる方法は？……115
事例3 高齢の母親は、多数の収益不動産を所有している。自分には収入がなく、早く贈与して欲しい……119
事例4 母親が認知症になったら施設に入れたいが、入所資金も、入所後の面倒を見る費用もない……122
事例5 父親は認知症のおそれがある。いまのうちに底地の相続対策をしておきたい……125
事例6 二次相続まで踏まえ、自分と2人の娘で亡夫の資産をうまく分割したい……128
事例7 2人の子どもに均等に相続させたつもりだったが、売却話になって1人から不満が出た……131
事例8 実家の相続をめぐり、母親の面倒を見ていた妹が均等分割を拒否した……135
事例9 相続した不動産を分割しようとしたら、「不動産より現金を」と妹がいい出した……138

事例10 農地が、私と義弟との共有状態。私が死んだら、その農地はどうなるのか？……141
事例11 義父は多数の土地を所有しているが、相続人である主人には健康不安がある……146
事例12 親戚に貸している父親名義の土地（底地）を、父親が生きているうちに親戚に売却したい……150
事例13 相続税を払うため、相続した農地を売却するつもりで銀行から借りたが、未だに農地は売れない……154
事例14 二次相続まで考えると、妻・子どもに資産をどう相続させればよいか？……157
事例15 自宅兼工場・店舗が老朽化したが、祖父の代の遺産分割協議が終わっていない……161
事例16 相続税納税資金も不足しているし、次男には自分の資産を渡したくない……165
事例17 貸駐車場の共有名義解消を考えているが、分割以外の方法もあるの？……168
事例18 高齢の母親が土地を所有している。その土地を売却したいが、なかなか売れない……171
事例19 自分の全資産を長女夫婦に生前贈与したい。次女・三女への相続は考えていない……175
事例20 将来の相続で家族に負担をかけないため、共有名義を解消して権利関係をシンプルにしたい……179
事例21 土地を均等に相続させたいが、細かく分筆されているうえ共有名義になっている……183
事例22 体調に大きな不安があるうえ、資産が長男に偏っていて相続トラブルが心配……187
事例23 自分に全資産を相続させる親の遺言書があるが、養子の妹ともめたくない……190

事例24 高齢の祖母には、祖母名義の3棟のアパートがある。その相続対策と上手な遺産分割は?……193
事例25 高齢の母親が所有する土地が広大で、相続税がどれくらいになるかが心配……196
事例26 義母が亡くなると夫が唯一の相続人だが、義母と夫は絶縁状態で相続が不安……200
事例27 転居したため、相続した土地が必要なくなった。その土地を売りたいが、なかなか売れない……204
事例28 義母が認知症になったら、所有する不動産の管理・処分はどうなるのか?……207
事例29 母親が借地権付建物を貸している。建物が倒壊寸前なのに、借地人が立ち退かない……211
事例30 お金の使い方については遺言書に――。そういって兄は亡くなったが、遺言書がなかった……214
あなたの町の信頼できる不動産相続の専門家……218

第1章

相続トラブルが
あなたにも起こりうる
現状を知りましょう！

相続では、「相続」ならぬ「争族」が増え続けている

相続では、よく**「争族」**ということがいわれます。争族を簡単にいうと、遺産をめぐる相続人の間でのトラブルです。

相続のもめごとに関する調査データがあります。

【質問】相続に際し、もめごとは起こらないと思いますか？

***起こらない……34・4％**

***おそらく起こらないと思う……48・1％**

（ハイアス・アンド・カンパニー調べ）

80％以上の方が、「自分の相続ではもめごとは起こらないだろう」と思っているわけです。

しかし、相続でのトラブルは年々増えています。平成28年に裁判所に持ち込まれた遺産分割

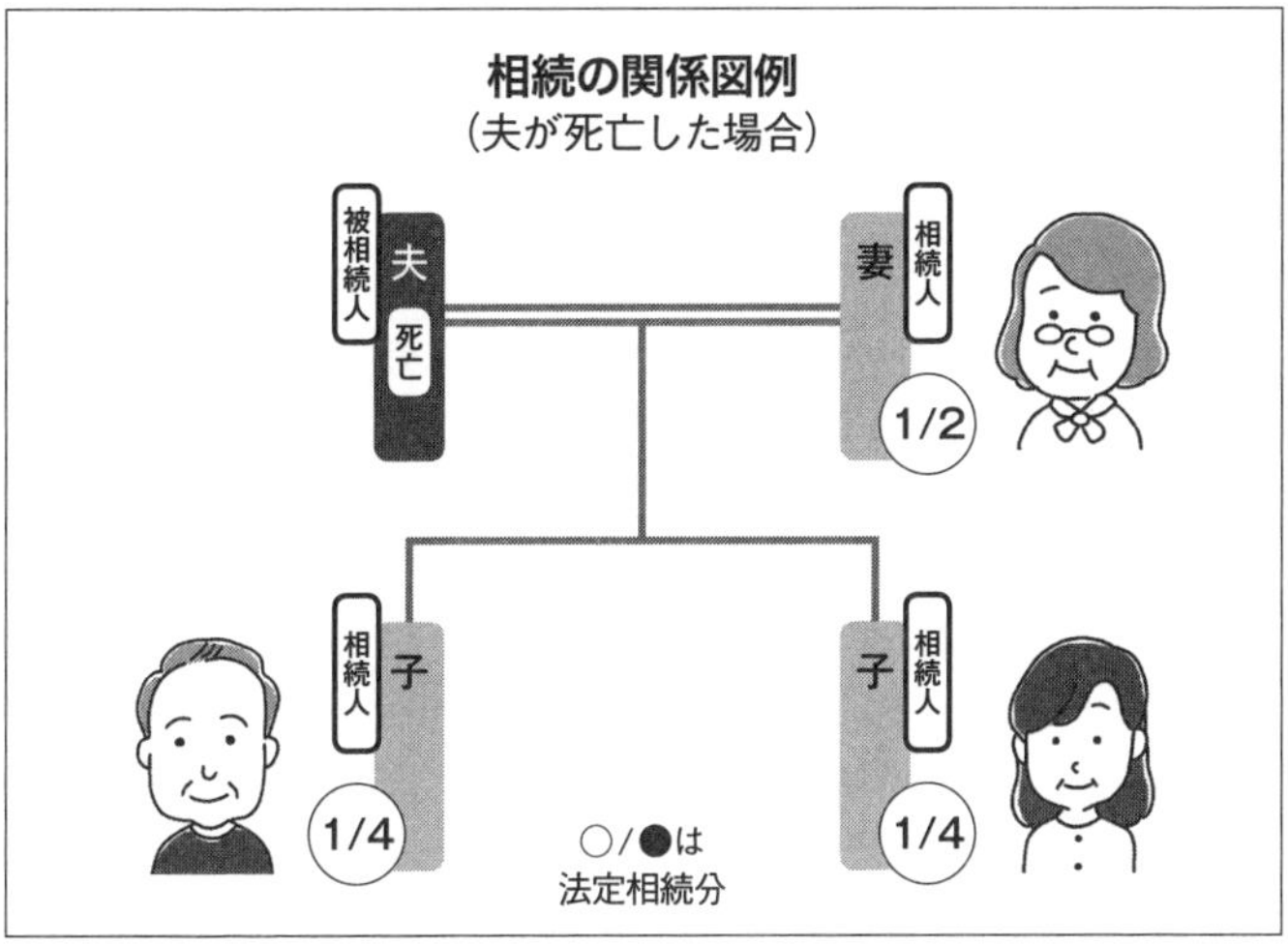

事件は1万4662件にのぼります。同年の死亡数はおよそ130万人なので、100人に1人以上の割合で裁判所に持ち込むようなトラブルとなっていることになります。

トラブルの大きな原因は、遺産の分け方です。

法律的には、死亡した人を**「被相続人」**、その被相続人の財産を受け継ぐ権利を持つ人を**「相続人」**と呼びます。民法で定められた相続人の範囲と相続割合**（法定相続分）**は広く知られていますが、原則として、相続財産をどう分けるかは相続人間の話し合いである**「遺産分割協議」**で自由に決めていいことになっています。

しかし、当事者だけでこの協議がうまくい

増え続ける遺産分割事件

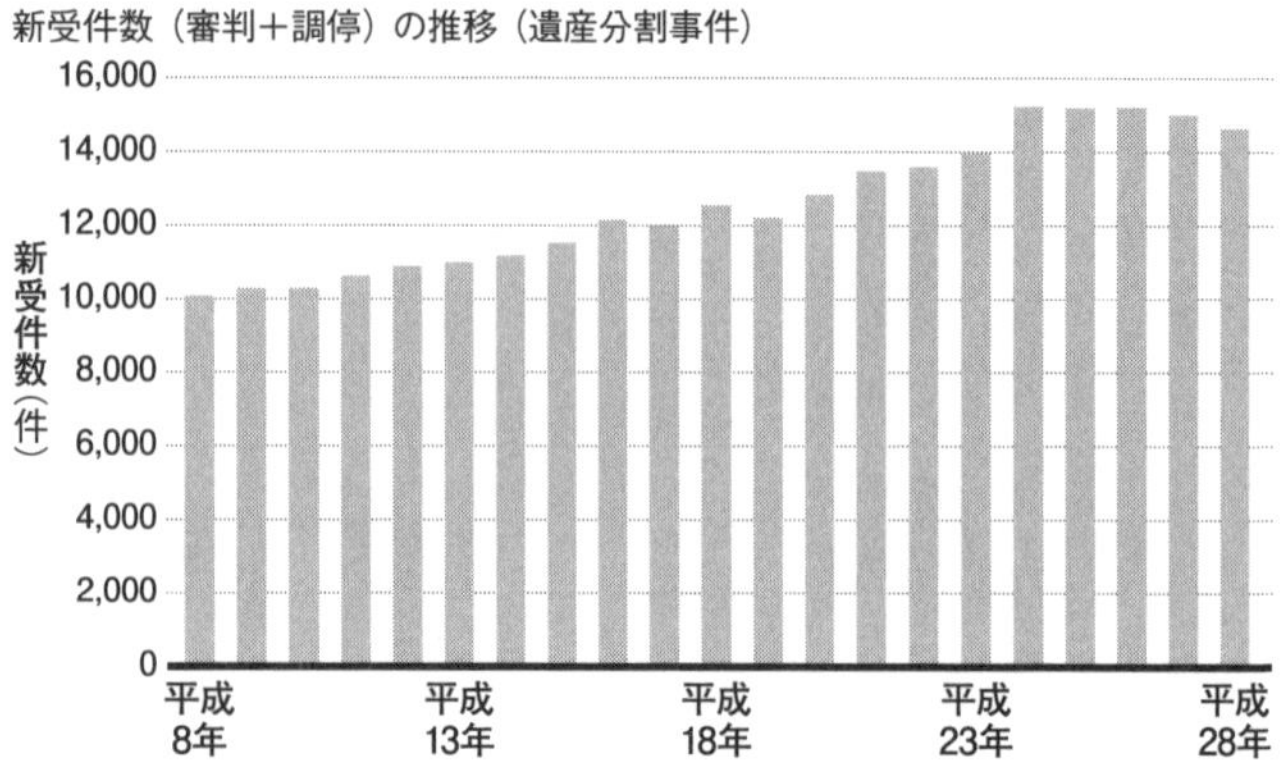

出典：最高裁判所「司法統計年報（家事事件編）」

かない場合は、家庭裁判所に持ち込まれて**「調停」**になり、調停も不調に終わると、**「審判」**になります。こうした状態が、いわゆる「争族」状態であり、こうなってはじめて、財産は法定相続分に従って分けられることになるわけです。

遺産の分け方は相続人間、つまり兄弟や親子などの親族間で話し合って自由に決めていいわけですから、多くの人が「もめごとは起こらないと思う」というのもわかる気はします。しかし実際には、相続が現実になった時、決して少なくない方々が争っています。

あなたも今は「自分の家では、もめごとは起こらない」と思っているかもしれませんが、決して他人事ではないのです。

団塊の世代から「資産の移転」が本格化し、相続トラブルの増加も予想される

「2025年問題」という言葉をご存知でしょうか?

2025年には団塊の世代が後期高齢者（75歳以上）になり、高齢者人口がピークに達する――。それにより、医療、社会保障、その他多くの問題が予測されています。

これが「2025年問題」です。

死亡者数も急激に増加し、故人の所有していた資産は配偶者や次の世代によって相続されます。ここに膨大な量の**「資産の移転」**が生じることになります。

現在の日本はもう**「高齢化社会」**ではなく、**「超高齢社会」**になっています。

- **高齢化社会……高齢者（65歳以上）の人口が、全人口の7%を超えた社会**
- **高齢社会……高齢者の人口が、全人口の14%を超えた社会**
- **超高齢社会……高齢者の人口が、全人口の21%を超えた社会**

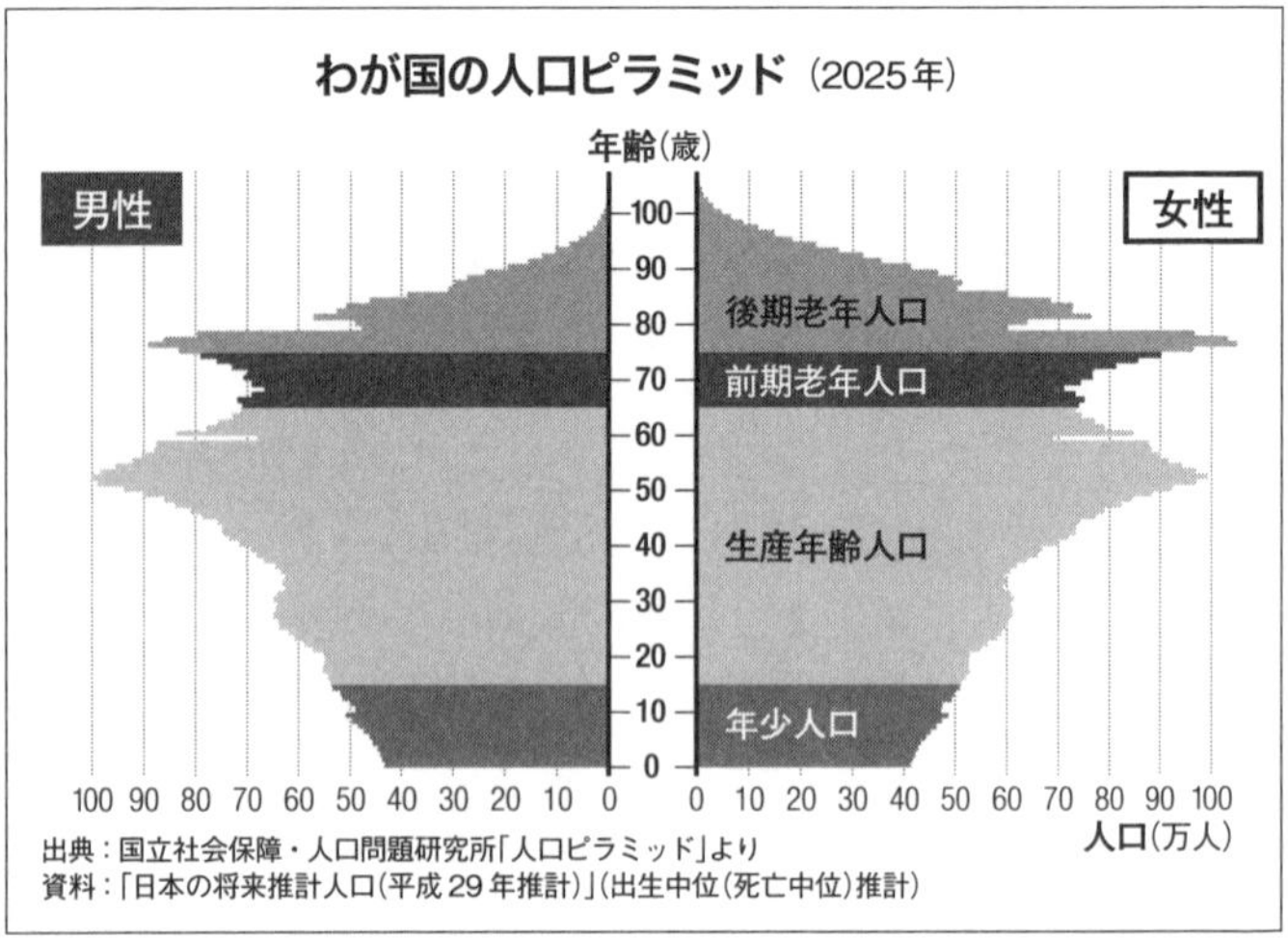

１９７０年に日本の高齢者人口は７％を超え、高齢化社会に突入しました。１９９４年には14％に達し、現在では25％です。だから、超高齢社会なのです。

これまでも、資産の移転（相続）は当然ありました。しかし、死亡者数の急激な増加が見込まれるなか、相続もこれまでに経験したことのない規模で進むことになります。対策をしないままでは、相続トラブルの件数も自然と増えていってしまうことでしょう。

「ウチは財産がないから大丈夫」これが最も危ない？

「相続でもめるのは、財産のある人たち。ウチはそんな財産はないから、もめない。相続対策なんて必要ない」

こう思っている方も多いでしょう。それを示すこんなデータがあります。

【質問】何か相続対策をしていますか？

＊何もしていない……81・0％
＊生命保険への加入……7・5％
＊遺言書……7・3％

【質問】相続対策をしていないとすれば、その理由は？

＊対策するほどの資産がない……52・3％
＊時期尚早……36・4％
＊対策の取り方がわからない……10・0％

（ハイアス・アンド・カンパニー調べ）

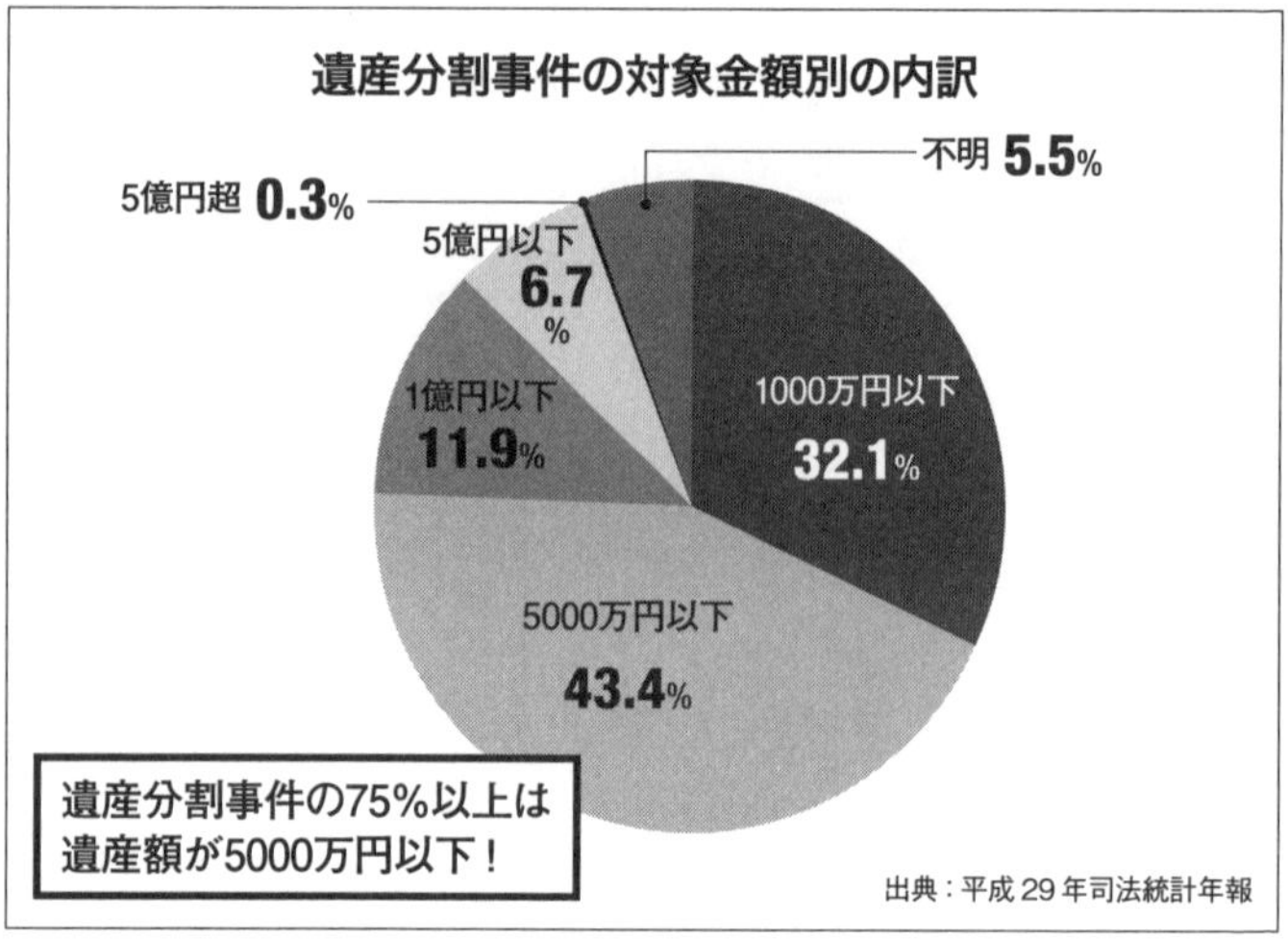

対策をしていない人の半数以上は、対策するほどの資産がないことを理由としています。

では、実際に起きている遺産分割事件の対象金額の内訳を見てみましょう。

遺産分割事件の32・1%は、遺産額が1000万円以下。43・4%は、遺産額が1000～5000万円以下。

合わせると遺産分割事件の75%以上は5000万円以下の遺産をめぐって発生しています。

「財産がないから、ウチは大丈夫」

本当にそうでしょうか？

むしろ、財産が多い人よりも、財産が少ない人のほうがトラブルの件数は多いのです。

相続税がかかるかどうかより、資産をどう分けるか

「相続税」というものがあることは、読者の皆様もご存知ですよね。

では、どんな時に相続税が発生するのかはご存知でしょうか？

「ウチの親がおじいちゃんから家を相続した時は、相続税がかからなかった」

「相続税を払ったという話を、身近で聞いたことがない」

というような曖昧な認識の方もいらっしゃると思います。

2015年の税制改正で、相続税がかかる条件が変更になり、話題になりました。相続税の「基礎控除額」が減額されたのです。

基礎控除額とは、遺産から差し引くことができる金額のことです。

この場合の遺産とは、実家などの不動産に限らず、預貯金などすべての相続資産を指します。この相続資産の額が、基礎控除額より下回っていれば、基本的に相続税がかかることは

ありません（厳密には条件等ありますが、ここでは割愛します）。

この基礎控除額がどのように変わったのでしょうか（２０１８年8月現在）。

＊改正前の基礎控除額＝５０００万円＋（１０００万円×法定相続人の数）

＊改正後の基礎控除額＝３０００万円＋（６００万円×法定相続人の数）

ぱっと見てわかるように、ずいぶんと控除される額が小さくなっています。

たとえば、相続資産が５０００万円で法定相続人が妻と長男・長女の３人だった場合、改正前であれば、基礎控除額は５０００万円＋（１０００万円×３人）＝８０００万円。

十分に控除額の範囲内です。

改正後はどうでしょう。基礎控除額は３０００万円＋（６００万円×３人）＝４８００万円。余裕があったはずが、控除額から２００万円、足が出てしまっています。

実際に改正前後で、相続税の課税件数は大きくアップしています。

改正前の相続税の課税件数は、亡くなった人の数に対して４％台でした。相続が発生した場合、相続税を納税するのは１００人中４人程度です。

平成28年度の課税件数は、８％になっています。およそ2倍にもアップしているのです。

ただし、逆の見方をすると依然、92％の人は相続税はかからないわけです。相続税が問題になるのは、限られた人たちだけという状態は変わりません。

しかし、相続税がかからないから相続問題は関係ないかというと、そうではありません。改めて22ページのグラフを見てください。

遺産分割事件の対象金額が5000万円以下ということは、多くの場合、相続税のかからない家族でトラブルになっているということです。

確かに相続税を納めなくてはならない人は増えましたが、相続のトラブルでは資産の大小や相続税がかかるかどうかよりも、家族の資産をどう分けるかが問題になっている実態がわかります。

「感情とお金が複雑に絡み合う」から、相続のトラブルは解決が難しい

不動産や現金、預貯金、株式……。

財産というと、こうしたものを想像します。しかし、これらは**「プラスの財産」**で、借金やローン、未払い金といった**「マイナスの財産」**も財産です。

相続するというのは、こうした「マイナスの財産」も含め、一切の財産の権利義務を引き継ぐことです。

遺産の配分については、「法定相続分」として民法が規定しています。ただし、これは相続人の間で遺産分割の合意ができていなかった時の遺産の取り分であり、必ずこの相続分で遺産の分割をしなければならないわけではありません。

では「何を」「いくら」相続するのかは、どう決まるのでしょうか。

この決め方は、相続人同士の話し合いに任されています。その話し合いが、17ページに出

法定相続分

配偶者と子	配偶者と直系尊属	配偶者と兄弟姉妹

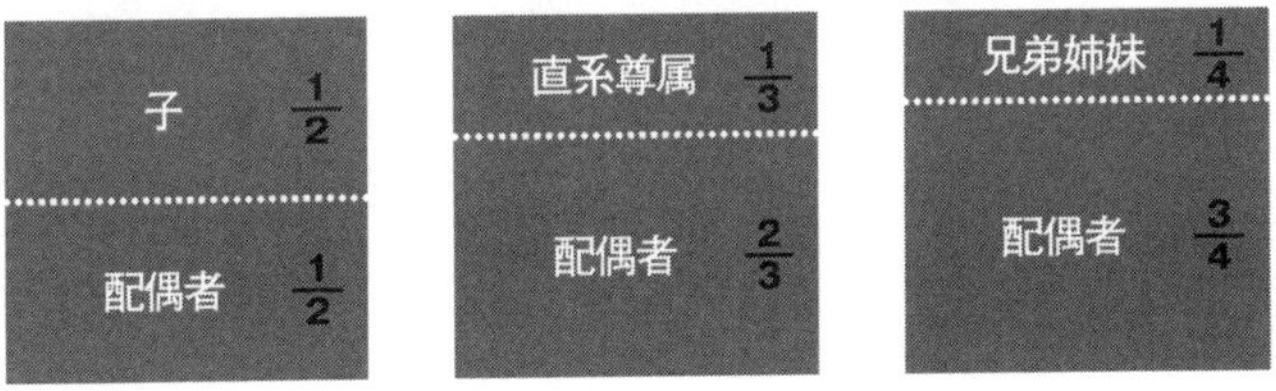

・子ども、直系尊属、兄弟姉妹がそれぞれ2人以上いる時は、原則として均等に分ける。
・民法に定める法定相続分は、相続人の間で遺産分割の合意ができなかった時の遺産の取り分であり、必ずこの相続分で遺産の分割をしなければならないわけではない。

てきた遺産分割協議です。

遺産分割協議の内容には、相続人全員の同意が必要です。

「自分は不動産はいらないから現金が欲しい」

「自分のもらう遺産は、他の兄弟よりも価値が低いんじゃないか」

遺産分割協議に臨むと、こうした感情とお金の計算が出てくるケースもあります。

意見の応酬が始まりますが、正解はないのでどんどんエスカレートすることもよくあります。とても仲のよかった家族や親族が相続でもめるケースを、私は何度も見てきました。

財産の大小は関係ありません。実家1つに対して兄弟が争っていることもあります。

話を客観的に見ていると、さながら小さい

子どもの兄弟喧嘩のようにも見えますが、本人たちは必死です。そして子どもの兄弟喧嘩と違って、知識や経済的なことがあるのでおおごとに発展してしまいます。

もし小さい子どもであれば、親が「こら！　やめなさい！」といって終わる話なのですが、もう親がいないのです。

それで収まりがつかなくなってしまうケースが多々あります。

「自分が損をしているんじゃないか」

そんな思いが、人を変えてしまうのです。

相続の事前対策は、親がしてやれる最後の仕事

相続トラブルを防ぐためにはどうしたらよいのでしょうか。それにはなにより相続の事前対策が大切です。

相続の事前対策は、親がしてやれる最後の仕事。私は、こう考えています。

随分前の話ですが、私自身が交通事故を起こし、救急車で運ばれたことがあります。その時に「まずい。ここで私が死んだら、家族はどうなるんだろう……」と救急車の中で本気で考えました。

おそらく、読者の皆様も相続を考えるきっかけはそういった出来事からだと思います。最近ですと、特にがんの余命宣告を受けた時に初めて本気で考える方が多いです。

ですが、余命宣告を受けてから冷静に考えられるようになるまでには相当時間がかかります。当たり前ですよね。どうやったら生きられるのかのほうが、はるかに大切です。

ですから、本来は元気のあるうちに相続について考える必要があるのです。
気持ちに余裕があれば、冷静に考えることができます。考えておけば、体調が悪い時には回復に専念できます。
ですが、実際に相続対策をしている人はどれくらいいるのでしょうか。
21ページに載せた意識調査のデータを再度、掲載します。

【質問】何か相続対策をしていますか？
＊何もしていない……81・0％
＊生命保険への加入……7・5％
＊遺言書……7・3％
（ハイアス・アンド・カンパニー調べ）

何も相続対策をしていない人が80％を超えています。この数字を見た時、私は暗然たる思いになりました。

ここに、相続トラブル増加の原因の一端を垣間見た思いがしたからです。

親がしてやれる最後の仕事として、あなたは生命保険への加入や遺言書を作成しておられるでしょうか？　この2つ以外に、何かやっておられるでしょうか？

子どもたちに、親としてあなたはいろいろなことをやってあげたことと思います。

教育環境を整えたり、教育資金を準備したり、結婚資金を準備したこともあったでしょう。

困った時は励ましたり、生活の支援をしてあげたかもしれません。

日本は寿命がぐんと延び、超高齢社会になりました。でも、順番でいくと、子どもたちより親のほうが先に旅立ちます。

自分が他界したとして、その子どもたちが相続で争うことは望まれないでしょう。

相続の事前対策は、親がしてやれる最後の仕事です。

相続トラブルについて、少し身近に感じられてきましたでしょうか。

第2章

トラブルになりやすい不動産の相続

日本で起きる相続は、かなりの部分が不動産の相続

相続の対象になる資産（相続税の対象になる財産）にはいろいろあります。

土地、家屋、株式や公社債などの有価証券、預貯金、家財、等々。

これらが主な資産ですが、「無体財産権（特許権や著作権）」もここに含まれます。

また、あまり聞きなれない言葉ですが、「みなし相続財産」と呼ばれるものもあります。

死亡保険金（生命保険金・損害保険金）、死亡退職金（退職金手当て、功労金など）、生命保険契約に関する権利、定期金に関する権利、保証期間付定期金に関する権利、等々。

これらが、みなし相続財産と呼ばれるものです。

あなたの場合、どんな資産をお持ちでしょうか？

さまざまな資産をお持ちの方もいれば、自宅不動産（土地・建物）だけという方もいるでしょう。そして日本の場合、実はほとんどの人の資産は不動産（土地と建物）に偏っていま

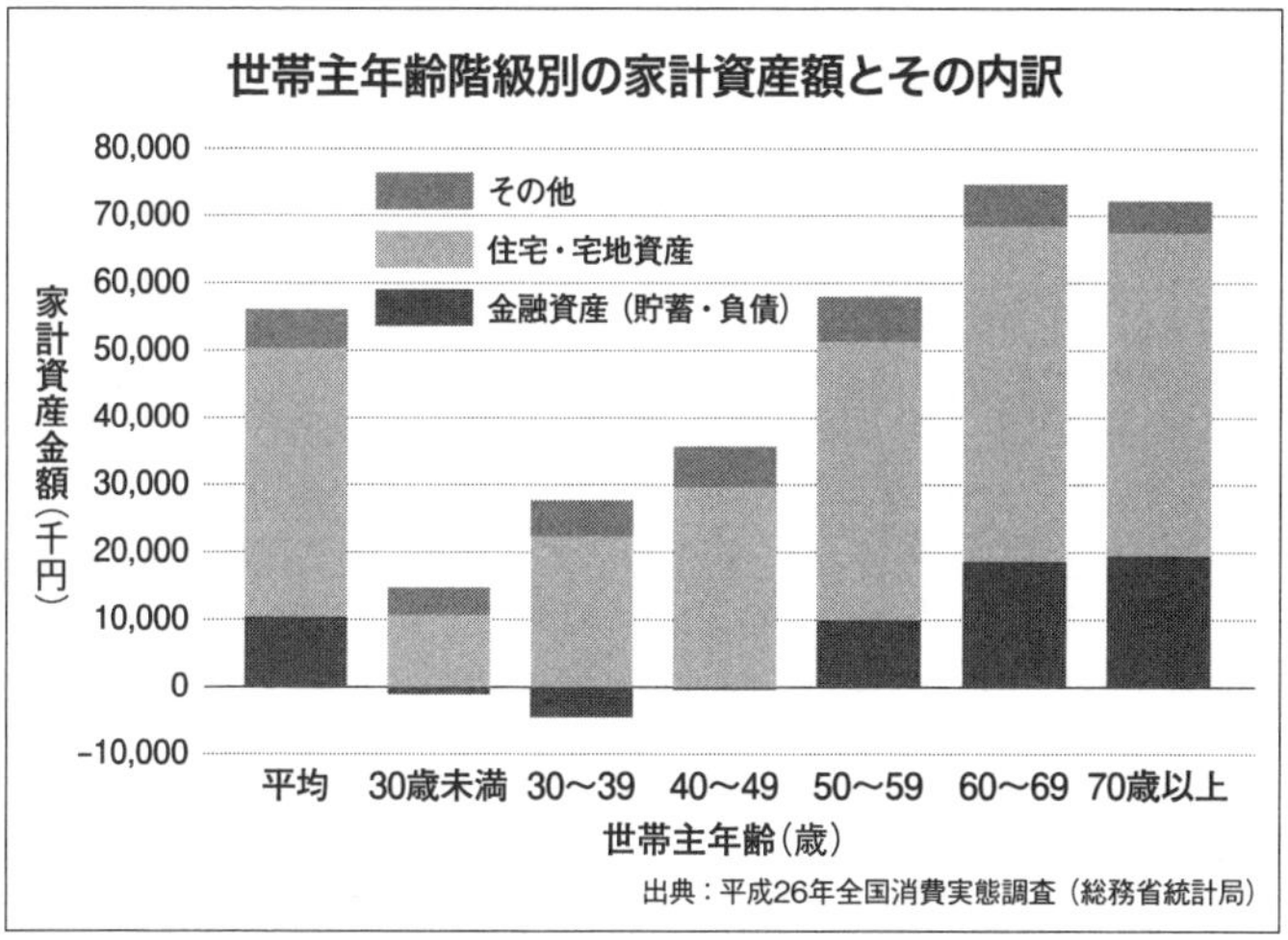

す。

平成26年度全国消費実態調査（総務省）によると、日本の家計資産の約70％は、住宅と宅地になっている現実があります。

つまり、日本で起きる相続は、かなりの部分が不動産の相続になります。

そして、現実の相続で起こるトラブルの多くは、不動産の分け方に端を発するものが多いのです。

不動産は分けにくい。だから、相続では不動産がもめる

分けやすい資産の代表は現金ですが、分けにくい資産の代表が不動産（土地・建物）です。相続人が複数いるのに、相続する財産は一軒の建物と自宅の土地のみといったケースは少なくありません。こうしたケースが、最も分けにくいケースになります。

わかりやすく、相続人が兄弟2人で長男は親と同居、次男は別居といったケースを例にしましょう。親が亡くなった場合、不動産の相続方法はおもに次の3つが考えられます。

①共有……相続する不動産を、兄弟の共有名義とする

この場合、相続した自宅宅地を将来売却したり、別の活用をしたくなった時に、兄弟両方の同意が必要です。どちらか一方では決めることはできません。それ以外にも共有には大きな問題がありますが、長くなりますので、それについては後述します。

②換価分割《かんかぶんかつ》……相続する不動産を売り、そのお金を兄弟で分ける

この場合、長男は今、この家に住んでいるのですから、彼の住む家がなくなってしまいます。さらに、不動産の売却金額に税金がかかります。

③代償分割……不動産を長男が相続する代わりに、弟に不動産の価値分の現金を支払う

一見うまくいきそうに見えますが、この場合、長男に現金（代償金）の負担が発生します。長男に、それだけのお金を支払えるだけの余裕が必要になってくるわけです。

また、これまで同居して親の面倒を見てきた長男が、この条件を快く受け入れるでしょうか。

不動産は分けにくいうえ、分けるにしても多くのハードルがあります。現実の相続では、不動産の分割方法が一番のもめる原因になっています。

不動産の価値はわかりにくい。ここも相続トラブルの一因に

あなたは「自分の家がいくらの価値があるか？」がわかりますか。

不動産の「価値」というのはわかりにくいものです。

たとえば、同じ面積の土地が2つ隣接していたとします。場所も隣同士で、面積が同じなのだから価値も同じ。普通、こう思いがちです。しかし、一方が角地で一方が奥まったところにあれば、それだけで不動産の価値は変わってしまいます。使い勝手の違いが不動産の価格に反映されるからです。売れる価格が異なるのだから、その「価値」も違うことになります。

この話は、売り出されている分譲宅地のチラシなどを見てみるとよくわかると思います。ほとんど同じ広さなのに、位置によってその価格には差があるはずです。

もう一つ、例をあげてみましょう。相続が発生し、兄弟が1つの土地を2つに分割して相

宅地を分けるのは難しい

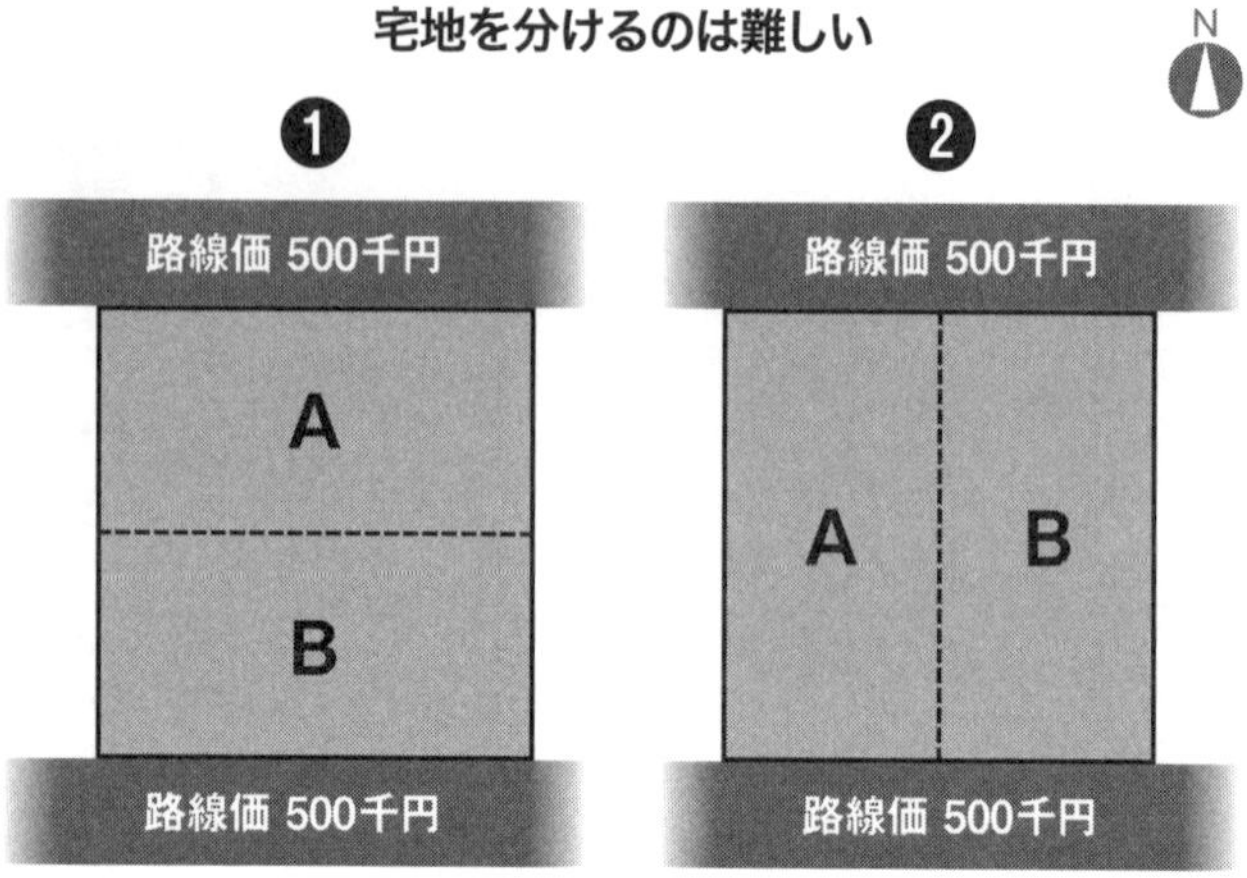

続しようとしています。どのように分割すればいいでしょうか。図の❶と❷を見比べてみてください。一見、どちらも変わらないように思えるかもしれませんが、均等に分けようと思うなら、❷の方をお勧めします。なぜでしょうか。

まず注目するのは「路線価」です。相続時などに宅地の「評価」を算出する場合は、この路線価に土地の面積をかけた額がベースとなります。問題の土地は2本の道路に挟まれていますが、それぞれに定められた路線価は同じです。❶の分け方と❷の分け方、この場合、どちらで分けても、Aの土地とBの土地との間で評価は変わりません。

しかし、ここでもう一つ注目していただき

たいのは、方角です。記号で示すように、紙面の上が北、下が南です。❶の分け方をすると、Aは北道路、Bは南道路の土地ということになります。宅地として扱う場合は南道路が好まれるために、Aの土地とBの土地を同時に売りに出すとしたら、Bの土地のほうに高い値がつきます。つまり、Bの土地のほうが「価値」は高くなるわけです。

何も考えず、「同じ面積だし、隣だから価値は同じだろう」と❶の分け方をすると、相続する財産の価値の違いをめぐって兄弟間でトラブルに発展しかねません。

簡単な例をもとにお話ししましたが、一般の方々にとって不動産の「価値」というのはわかりにくいものなのです。

相続税の評価と不動産としての価値は必ずしも一致しない

実は、税理士や司法書士といった専門家にとっても、不動産の「価値」はわかりにくいものです。というのも、これらの専門家は不動産の「評価」についてては詳しいですが、「価値」についてては専門ではないからです。

不動産の「価値」は、その不動産が市場に出た時の価格ともいえるわけですが、これには、不動産の「評価」には必ずしも反映されない、実際の土地や建物を現地で見ないとわからないような要素も関わってきます。

先の例であげた道路付けのほか、不動産の管理状態、地形や土地の傾斜・高低差、さらには周辺の状況なども「価値」に影響を与えます。

不動産の「評価」に対して「価値」が高い。これは、税額の算出根拠となる評価が低く、市場に出した時には高い値がつくということなので、望ましい状態といえます。反対に、不動産の「評価」に対して「価値」が低い。こういったケースもあり得ます。路線価は高いが、荒れ放題の空き地になっている。道路付けがよくない。周辺とのトラブルがあり、誰も買いたくないような状態。そういう場合です。

「評価」と「価値」は違うということはしっかりと覚えておいてください。

一見、「評価」が同じだからということで安易に分け方を決めてしまうと相続トラブルの原因になりかねません。

不動産の共有は、百害あって一利なし

36ページで、財産を分ける方法として①共有、②換価分割《かんかぶんかつ》、③代償分割の3つを挙げました。

ここでは①共有について詳しく説明します。共有とは「家や土地を分割せず、相続人全員の共有名義にして共有財産として持つ」ことです。

「相続人同士は仲が良いから、大丈夫。財産は共有で」

財産を残す人のなかには、こんな遺言を書く人もいます。

「なかなか分割の合意ができないから、とりあえず共有に」

相続が起きたあと、こうした理由で、共有にしてしまうケースも少なくありません。

不動産を相続人の共同の名義で所有することは可能です。しかし、私はお勧めしません。なぜだと思いますか。

不動産の共有名義はトラブルの元！（例）

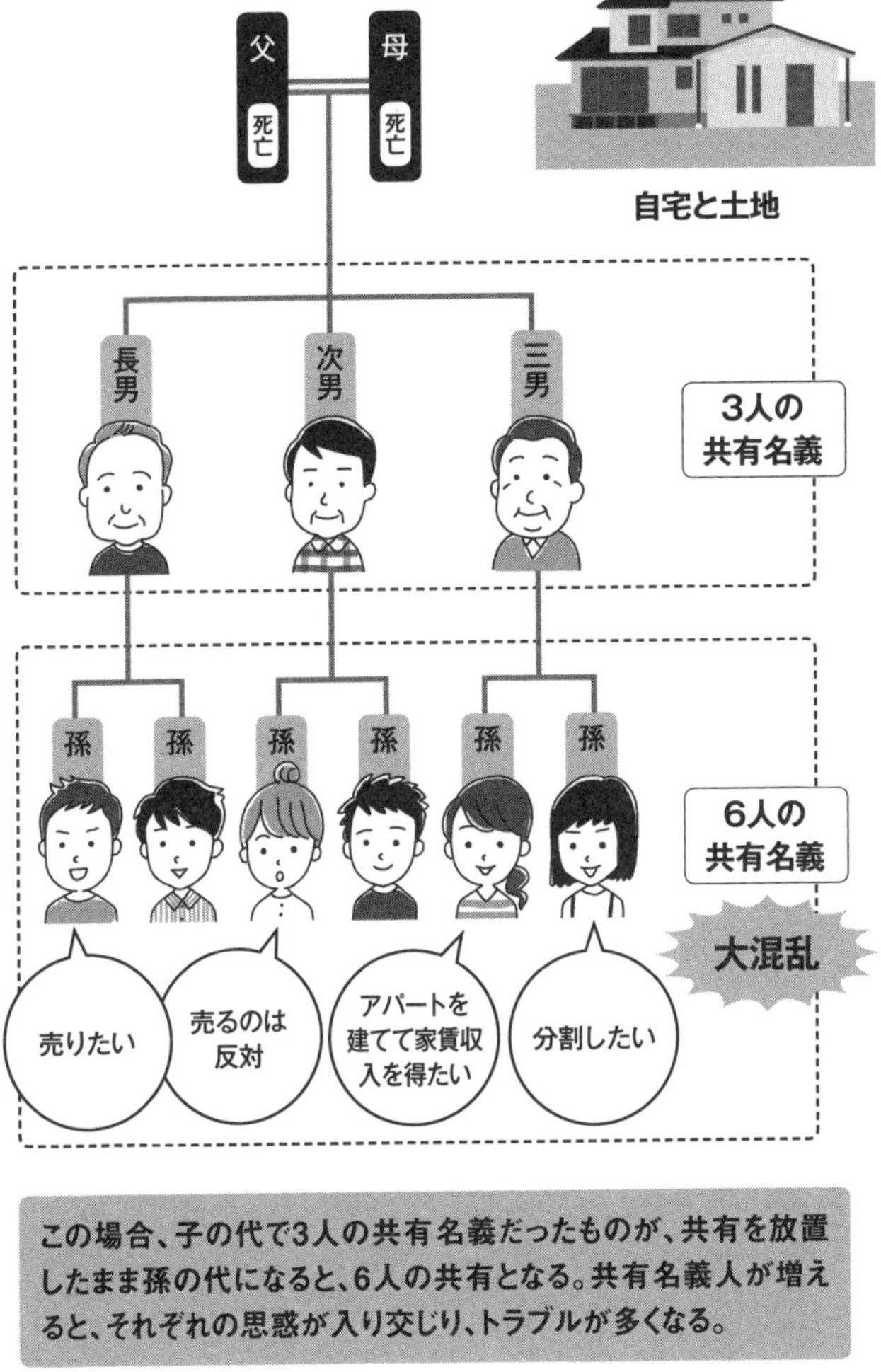

この場合、子の代で3人の共有名義だったものが、共有を放置したまま孫の代になると、6人の共有となる。共有名義人が増えると、それぞれの思惑が入り交じり、トラブルが多くなる。

たとえば、父親が亡くなり、実家（土地・建物）を兄弟3人が共有で相続したとします。

「お金が必要になったので、自分の持分の土地を売却したい」

三男がこういったとしますが、その土地は共有名義です。長男と次男が同意しないと、三男の持分のみで売却することはできません。

さらに共有のいちばんの問題は、相続が繰り返されることで発生します。

共有名義の相続人に相続が発生すると、相続人の次世代の子どもが共有名義人になります。相続人の子どもに相続が発生すると、さらにその子が共有名義人になります。こうして、次第に共有名義人が増えたり、関係の遠い者同士で共有することになったりします。

共有名義人が増えると、各人の思惑にいろいろと違いが出てきます。思惑の違いから、衝突も起きてきます。

さらに、増えた共有名義人で土地を分けるとすると、分ける土地は小さくなり、資産価値が低くなります。

不動産の共有名義は、百害あって一利なし……。共有名義で泥沼化するのは、そうした場合です。

相続で共有が頭に浮かんだら、この言葉を思い出してください。

子どもがいない夫婦では、自宅の相続が問題になる場合がある

ご主人の持ち家に夫婦で住んでいて、ご主人が先に亡くなる。

そんなケースは多いですが、子どもがいる場合、17ページに示したように、相続人は奥さんと子どもなので、遺産分割は話し合いで上手くいく場合が多いです。しかし、近年は子どもがいない夫婦も増えています。

そうした夫婦でご主人が亡くなった場合、ご主人に親族がいなければ、相続人は奥さんだけで話は簡単です。しかし、親族がいれば、その親族も相続人になります。

＊亡くなった夫に親がいる場合……その親も相続人になり、法定相続分は妻が2／3、親側が1／3となります。兄弟（姉妹）は相続人にはなれません。

＊夫の親が亡くなっている場合……夫の兄弟（姉妹）がいれば相続人になり、法定相続分は妻が3／4、夫の兄弟（姉妹）が1／4になります。

夫婦に子どもがいない場合の法定相続割合

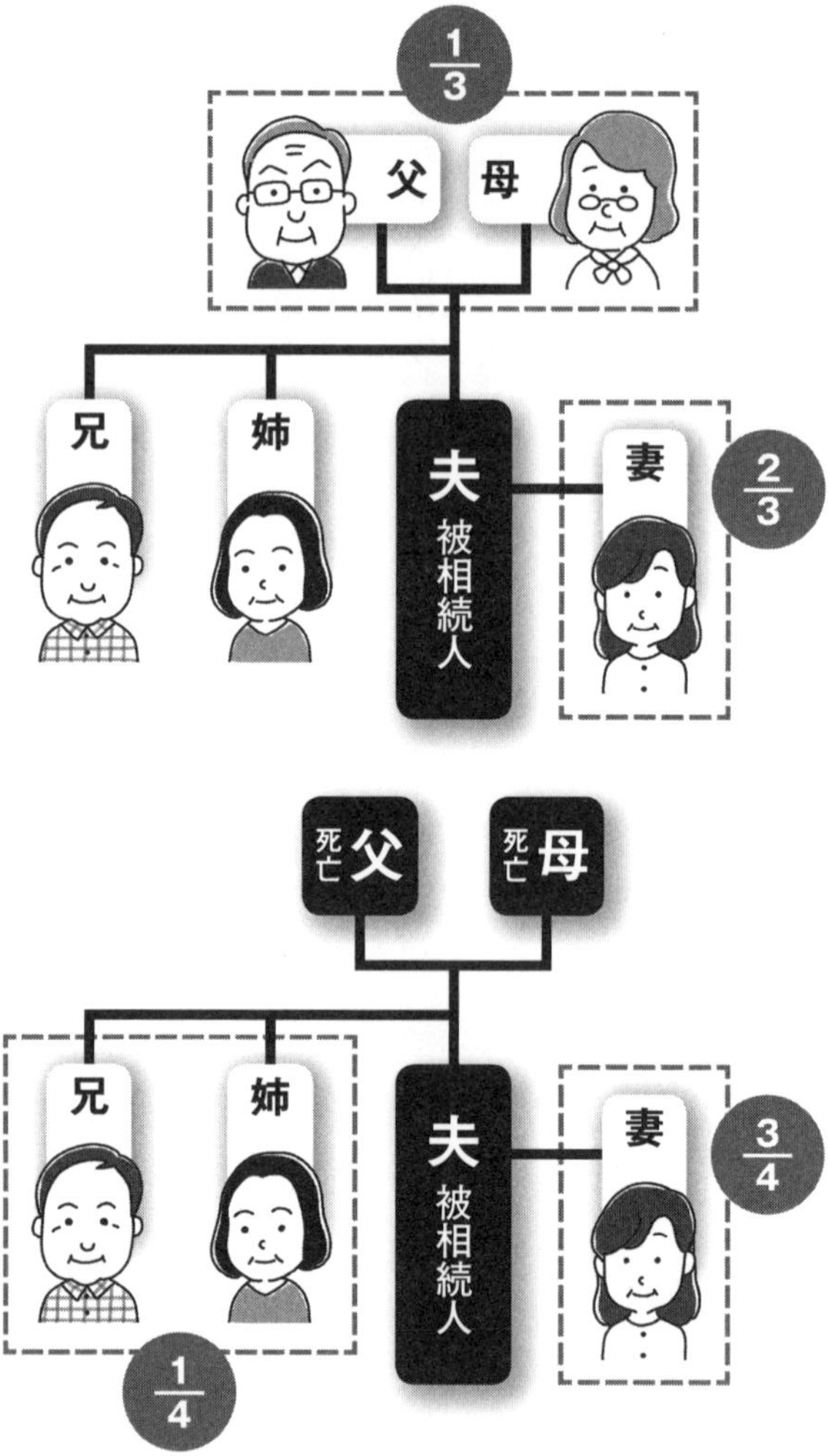

仮に、ご主人の財産が自宅とわずかな預貯金、奥さんも少ない預貯金しかないとします。

相続人が法定相続分を主張した場合、奥さんが自宅を所有し住み続けるには、法定相続分の割合に応じた金額を他の相続人に支払わなければなりません。しかしながら、預貯金でまかなえなければ、結局は自宅を売るしか選択肢はありません。奥さんは、住むところを失う羽目になってしまうのです。

このような事態を回避するために、平成30年7月に成立した改正民法では、**「配偶者居住権」**が新設されました。

これは配偶者がこれまで住んでいた家に住み続けられる権利で、20年以上法的に結婚していた夫婦に限り、住んでいる家が配偶者に生前贈与もしくは遺言で遺贈された場合、その家を遺産分割の対象から除外できるというものです。

また、相続開始から最低6ヵ月間の居住を保証する**「配偶者短期居住権」**も合わせて新設されました。

施行日は、公布日（7月13日）から起算して1年以内とされます。

第3章

相続の事前対策として、不動産会社を活用する時代に

相続の事前対策は非常に多岐にわたる。みんなが相談先に困っている？

「争族にならないように、相続の事前対策をしっかりしておきたい。誰に相談したらいいのか？」

これまでの章を読まれた方は、こう思われているはずです。

その参考になるのが、相続が発生した時の相談相手についての調査データです。

第1位は「誰に相談したらよいかわからない」で、48・9％です。

以下、血縁者（15・0％）、弁護士（11・4％）、司法書士（7・7％）、税理士（7・5％）、銀行（5・3％）、不動産会社（3・8％）と続いています。

いろいろな相談相手があがっていますが、「誰に相談したらよいかわからない」が断トツの1位です。さらに3位以下はさまざまな専門家の名前があがっており、特筆して相続対策で支持されている専門家がいないのが現実のようです。

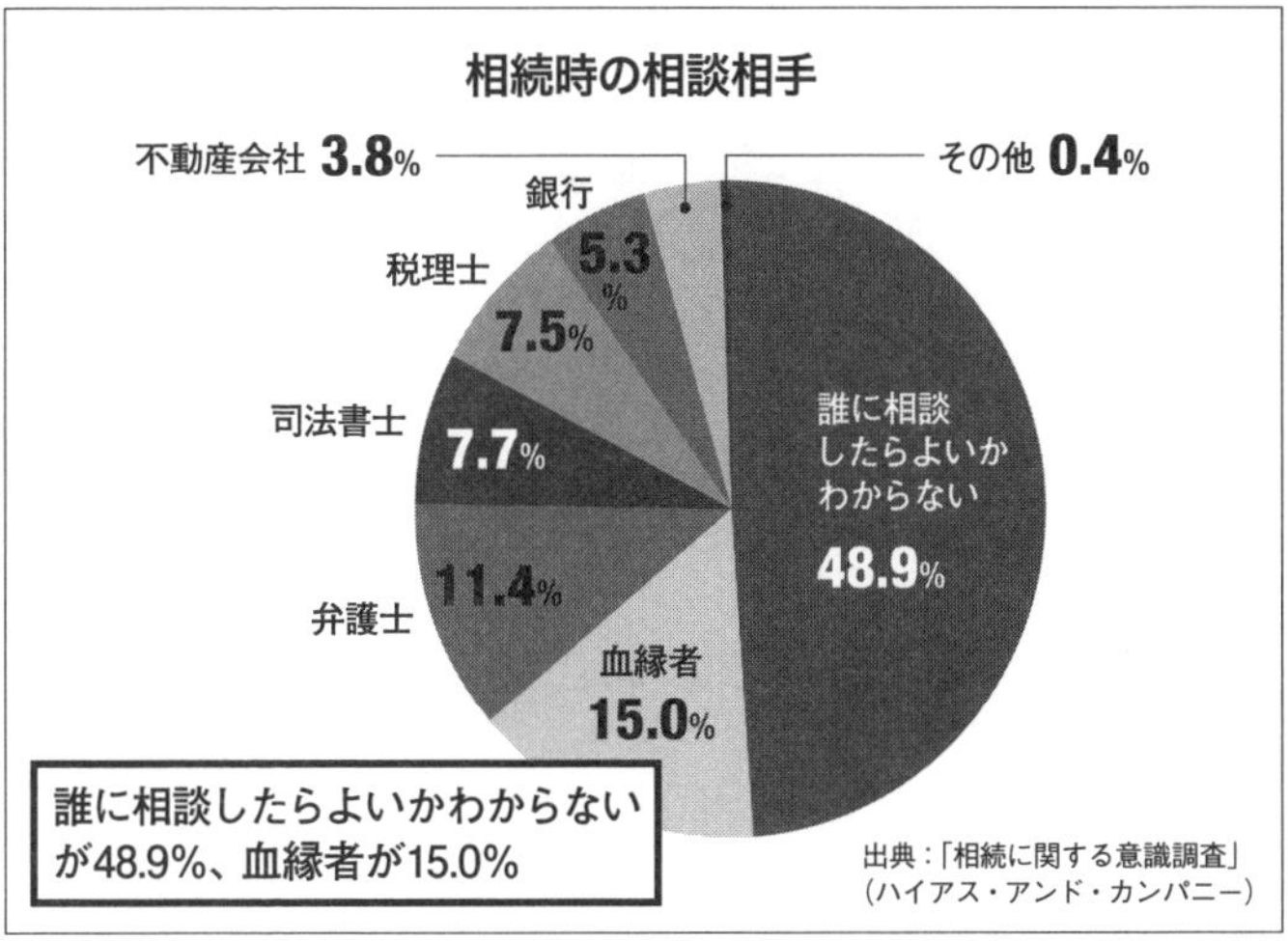

つまり、相続のことに不安を感じ事前対策を行いたいと思っても、何をやっていいかわからない場合、相談すべき相手もわからず、結局事前対策を行うことができずにいる……。

これが皆さんが相続対策をしない原因の一つでもあると、私は思います。

相続対策の相談は不動産のプロへ。相続で成功するポイント

それでは、いったい誰に相続対策の相談をするべきなのでしょうか。

結論からいいますと、相続と不動産の知識を持ったプロに相談をすることをお勧めします。相続の対策において皆さんが考えているのは、円満に相続できるように、もめないように、ということ。あるいは、損をしたくない、ということなのではないでしょうか。

これまでに見てきたように、相続でのトラブルに資産の大小は関係がありません。多くは、家族の資産を誰がどう引き継ぐかという遺産分割でトラブルになっています。

また、日本の家計資産の約７割は住宅や宅地といった不動産であり、資産をどう分けるかを考えるにあたっては、不動産の扱いを避けて通れません。加えて、不動産は分けにくい資産の代表なのです。

円満に、もめないように相続をするには、不動産の評価がどれくらいで、どのように相続

をするのがいいのかを判断する必要があります。ただし、その答えは1つではありません。たとえば、被相続人である父親が収益不動産を1つ所有していたとします。相続人は子どもたち3人です。3人がそれぞれ欲しがるかもしれませんし、もしかするとローンが多額に残っていて、賃貸経営、維持管理を考えることが煩わしいために皆欲しがらないかもしれません。何も準備をせずに相続が発生すると、取り合いになるか押し付け合いになるかわかりません。

税理士は税金のことを考えて、そのまま誰かが相続したほうがいいというかもしれません。弁護士は不公平な分け方にならないように相続人の誰かの権利を主張するかもしれません。しかし、税金が少なくなればもめないかというとそうでもないでしょうし、それぞれの権利が保障されればもめないかというと、やはりそうでもないと思います。

不動産は現金とは違います。きちんと維持管理する必要がありますし、うまく活かせば**「富動産」**になる反面、何もせずに放置していると税金や管理費ばかりがかかる**「負動産」**ともなり得ます。

相続と不動産の知識を持ったプロであればおそらく、その収益不動産の資産としての健全性や将来性を見越したうえで、誰がその経営を引き継ぐのがベストか、場合によって経営を引き継ぐ人がいないのであれば、負担ばかりが大きくなり、かえってもめる原因になるので売却して別の資産に組み換えるということも含めて提案してくれるはずです。

損をしたくないという時も同じです。相続税の額だけを考えてさまざまな節税対策をしたとします。たとえば後に説明するように、遊休地にアパートを建てるという方法は相続上の評価額を圧縮するのにとても効果があります。相続の知識を持たない建設会社は、アパートを建てて欲しいがためにそのような提案をするかもしれません。税理士に聞いても、節税の効果があることは認めてくれるでしょう。しかし、たとえ税額は抑えられたとしても、実際に相続が発生した時、そのアパートを誰がどう引き継いでいくのかを考えておかなければ、先ほどの例と同様に、そのアパートがあるためにもめてしまったり、共有で相続した結果、その後売るにも売れない状況になってしまったりと、せっかくの資産を活かすことができなくなり、かえって損をすることになりかねません。

相続人各々の権利がどれくらいあるか、相続した時に税額がいくらくらいかかる可能性があるのか、相続後の手続きはどのように進めればいいのか、そのようなことはもちろん念頭に置いておかなければなりません。

そのうえで、円満にもめずに相続すること、損しないことを考えるのなら、まずは不動産を中心とした資産をどのように活かし、どのように引き継ぐのがその家族にとってベストなのかをアドバイスしてくれる相続と不動産の知識を持ったプロに相談してみてください。

土地の有効活用で、「負動産」を「富動産」に作り替えることができる

不動産相続に強い――。

ここが、街の不動産会社の強みです。その強みは、事前の相続対策としての不動産の有効活用でも発揮されます。不動産の有効活用には次のような方法があり、「負動産」を「富動産」に作り替えることも場合によっては可能です。

＊土地の評価額を下げる

遊んでいる自用地（土地所有者が自由にできる土地）に、アパートやマンションなどの賃貸用建物を建てると、土地は**「貸家建付地」**となって評価額が下がります。これは相続時の相続税の減額につながるうえ、家賃収入も期待できます。

＊等価交換方式を利用する

等価交換方式では、地主が土地を、デベロッパーが建築費を出資して建物を建設します。

その後、土地の一部と建物の一部を等価になるように交換し合い、それぞれが土地・建物を所有します。地主は土地の一部を手放すことになりますが、資金をまったく負担せず、返済リスクのない土地活用になります。

＊借地権と底地を交換する

貸している土地は借地人に借地権があり、土地所有者（地主）の自由にはなりません。そこで、借地人の借地権と地主の底地を交換する方法があります。

たとえば、借地権割合が70％とします。地価が５０００万円なら借地権は３５００万円、底地は１５００万円になります。この場合、底地70％と借地権30％が等価になり、これを交換します。交換すると地主の所有する土地は30％になりますが、税制上は譲渡はなかったものとされ、譲渡所得税が課税されません。有効活用が可能になり、相続税資金として売却もできます。

＊借地権を買い取る、または底地を売る

借地権を買い取ると現金を減らすこともでき、相続税を下げることにもなります。

底地を売ってしまうことも、一つの方法です。その分だけ相続税の対象になる財産を減らすことができ、底地を売った代金を相続税の準備に充てることができます。

子どもや孫の代まで視野に入れ、対策を講じることが大切

相続では、先の代までを視野に入れた対策を考えたいものです。

たとえば、夫婦と子ども2人の家庭で、ご主人が亡くなったとします。

遺産は自宅建物と440㎡の自宅敷地だけで、自宅を奥さんが相続するとします。自宅敷地の相続税評価額が5000万円、建物が2000万円だとします。

こうしたケースは**「特定居住用宅地」**として、330㎡までの部分を80%減額できます（**小規模宅地の評価減特例**）。この場合、特例による土地の減額金額は次のようになります。

5000万円×330㎡／440㎡×0・8＝3000万円

相続税評価額からこの3000万円が減額され、土地の評価額は2000万円になります。建物の2000万円がそこに加わり、合計の相続税評価額は4000万円になります。

この場合の基礎控除額は、3000万円＋600万円×3＝4800万円です。自宅以外

に財産がなければこの特例で基礎控除額を下回り、相続税は課税されないことになります。

もう一つ、配偶者には**「配偶者の税額軽減制度」**があります。

取得した遺産額が法定相続分または1億6000万円以下なら、配偶者に相続税はかからない——。

これが、配偶者の税額軽減制度です。極端な話、遺産総額が1億6000万円以下の場合、配偶者がすべて相続してしまえば、相続税はゼロです。

ただし、計画なしに遺産分配を行うと、**「二次相続時（相続した配偶者が亡くなり、次に相続が発生した時）」**の子どもの負担が大きくなり、一次相続と二次相続を通算すると、相続税額がかえって増えてしまうケースもあります。

相続では、子どもや孫の代まで視野に入れる——。

失敗しない相続では、この考え方が非常に大切になってくるわけです。そこで、二次相続を含めた税額のシミュレーションが大きな意味を持ってきます。

不動産会社などでは、こうしたシミュレーションを行っている会社もありますので相談してみてください。

利用価値の低い土地を相続しても、諦めるのは早い

土地の形が悪い、狭い、立地が悪い、道路が建築基準法を満たしていない、旗竿地（メインの土地にたどりつくまでに、狭い私道しかない）、土砂災害警戒区域に指定されている……。

こういった土地を持っている方もいます。

「こんな土地は売れそうもないけど、相続してくれるかな？」

「この土地は売れない。固定資産税と維持費だけがかかる。相続しても負担になるだけだ」

私も、そうした相談をよく受けますが、そういう人は往々にして勝手に決め込み、諦めてしまいがちです。

確かに、いまお話ししたような土地は売りづらいかもしれません。そのままでは使い勝手が悪かったり、有効活用できなかったりといった問題点があるからです。

しかし諦めるのはまだ早い。不動産会社の目から見ると、土地の活用法はいろいろありま

す。

単独の土地では使いづらくても、周囲の土地を合わせると広い土地になります。広い土地になると活用性がぐっと高まり、非常に魅力的な土地に変身することすらあります。周囲の土地を不動産会社が持っていれば、その不動産会社が買取を希望することも多いです。

使用目的も、宅地だけに限りません。宅地向きではなくても、事業用なら立派に使える土地もあります。現に、たとえば九州の使い道のなかったボタ山は、太陽光発電の大基地になっています。

現況だけでなく、視点を変えるとどういう活用法があるか……。

不動産会社は専門家なので、得意とすると

ころです。

事前対策でも、街の不動産会社へのそうした相談は可能です。

相続トラブルを防ぐ事前の不動産相続対策として、一度、相談してみるとよいでしょう。対象の土地や周辺環境をじっくり下見し、何かよい活用法を発見してくれる可能性があります。

第**4**章

不動産相続対策でも、認知症は避けては通れない問題

どの家族にも、認知症の高齢者がいることが当たり前の時代に

第1章の冒頭で、日本の超高齢社会をお話ししました。

現在の日本は、総人口の約25％が高齢者（65歳以上）です。２０２５年には団塊の世代が後期高齢者（75歳以上）になり、高齢者人口がピークを迎えます。

健康で長生きできればいいのですが、なかなかそうは問屋が卸してくれません。高齢化ではいろいろな健康トラブルがありますが、よく指摘されるように、日本では**「認知症」**が大きな社会問題になっています。

認知症の人は、２０１２年では約４６２万人と推計されており、２０２５年には、認知症の患者さんが全国で７００万人を超えると、厚生労働省は発表しています（詳しくは、次ページの図を参照）。これは、65歳以上の高齢者のうち、５人に１人が認知症に該当する数字です。

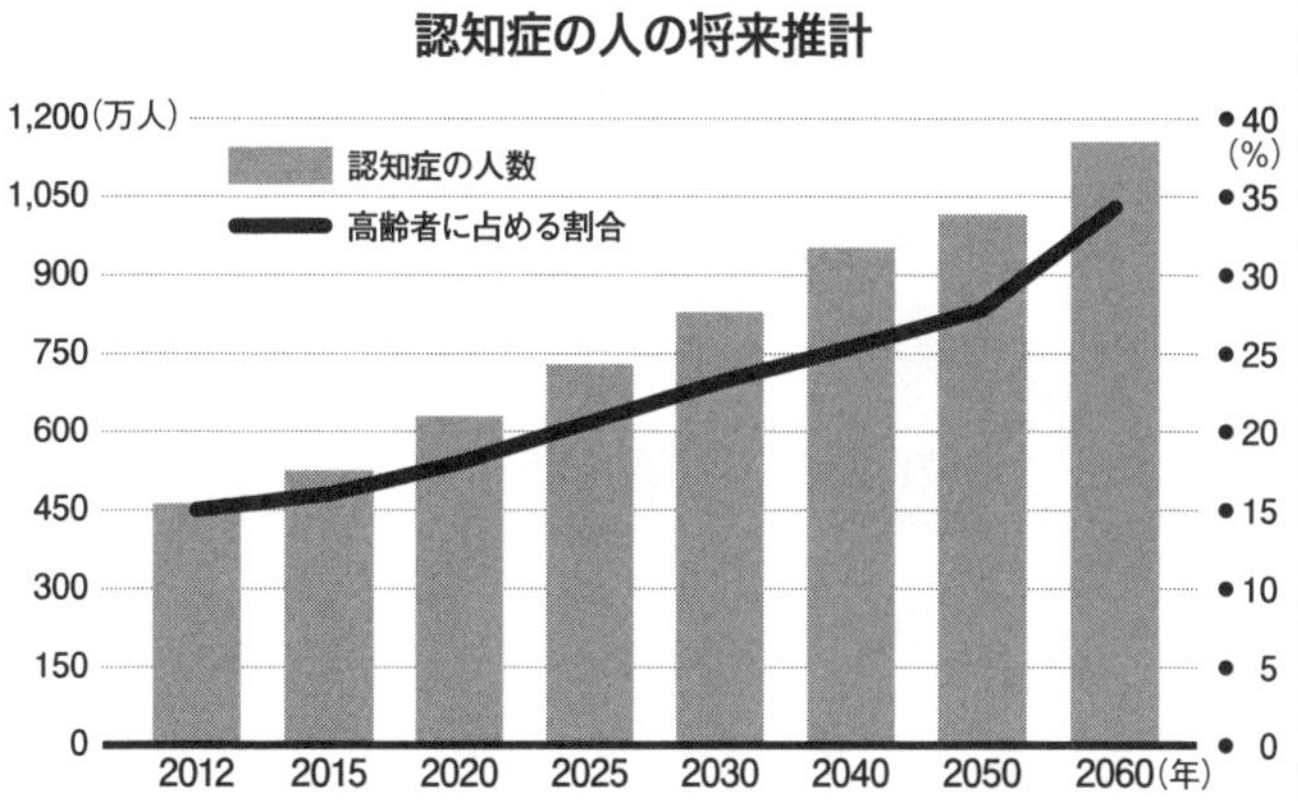

出典：「認知症施策推進総合戦略～認知症高齢者等にやさしい地域づくりに向けて～（新オレンジプラン）」（平成27年、厚生労働省）

さらに、認知症の人の割合は、年齢とともに加速度的に上昇します。85歳以上では半数を超えるともいわれています。

どの家族にも、認知症の高齢者がいることが当たり前の時代。

現代日本は、こう表現しても決して間違いではない社会になっているのです。

認知症になってしまったら、「守りの対応」しかできない

認知症では、介護の問題がクローズアップされることが多いですが、不動産の扱いでも親世代の認知症は大きな問題になっていると私は感じます。

たとえば、資産（自宅や実家の所有権）を持つあなた（あるいは、あなたの親）が認知症になったとします。こうした場合、**「法定後見制度」**が利用できます。法定後見制度は「成年後見制度」の一つで、すでに判断力が低下していて、代理人が必要な時に利用する制度です。

この制度は家庭裁判所に申立てをし、身内や専門家を後見人等として選任してもらいます。後見人は、**「財産管理*」**と**「身上監護*」**を行います。

するとどんな問題が起こるのでしょうか？

たとえば、親が認知症になって施設への入居を考えたとします。入居費用や月々の費用のために、後見人になった子どもが、親が施設に入ると空き家になる実家の売却を考えたとし

ます（実家の所有権は、親が持っている場合）。

この場合の不動産の売却は、家庭裁判所の許可が必要です。しかし、家庭裁判所から、その売却は許可されないケースが多くあります。

もしかすると今後、施設から帰ってくるかもしれない。本人にとって、売却が本当に有益かどうかわからない……。

これが、家庭裁判所がなかなか許可しない理由です。

「認知症になった親を介護するために、親の資産を活かしたい」

子どもがこう考えても、親の不動産を動かしての積極的な対応策は取れません。

実際に不動産を動かせるのは、相続が発生してから（認知症の親が死亡してから）になります。いま子どもにできることは、「守りの対応」だけになってしまうのです。

＊財産管理……誰かが勝手に資産に手を触れないように、その人の財産管理を行います。簡単にいってしまえば、「財産の凍結」です。

＊身上監護……介護事業者とのサービスの契約や本人の見守り等、法律行為の代理を行うことです。介護や食事の世話、死亡後のことは対象外になります。

認知症になると、遺言の効力が問題になることも

認知症になると、子どもが不動産を動かせるのは相続が発生してからになるといいました。しかし、実は相続が発生してからも難しい場合があります。

たとえば資産を持つ人が認知症になり、遺言を残して亡くなったとしましょう。

そこで遺産分割協議になります。遺言書があり、その分け方が法定相続分と異なる場合は、遺言が優先されます。一見、その遺言どおりに遺産を分ければよいように思えますが、そうはいかないことがあるのです。

遺言を残した人が、どういう状態の時に書いたのか？

ここが大きな問題点になります。そして、その内容がある相続人に有利だったとしたらどうでしょう。

「この遺言は、認知症の親を誘導して書かせたに違いない！　そんな遺言書は無効だ！　認

めるわけにはいかない！」

自分に不利な遺産分割が遺言書に書かれていたほうの相続人は不満を抱き、こんなことをいい出すかもしれません。実際、こういったケースは多くあります。

遺言書を作成した時、まだ判断能力があったかどうか。

ここが非常に大きな争点になるわけですが、それをどう証明できるでしょうか？

認知症ではないうちに書かれた遺言書でも、財産の分け方をめぐって対立はしばしば起きます。まして、「認知症だったかもしれない」という疑いを持つ相続人は、いっそう激しく抵抗するでしょう。

遺言書を書くなら、元気なうちに作成しておくべきです。

「自分は認知症にはならないよ」

そうおっしゃる高齢者もいます。しかし、絶対ならないとはいえません。

遺言書は、遺言者本人の意思をしっかり伝えるものです。骨肉の争いを避けたいのであれば、遺言書の意味をしっかり理解し、元気なうちに作成しておく――。

これは、私からのアドバイスです。

認知症の相続人がいる場合、遺言がないと不動産を共有するリスクが高くなる

ここまでの話は、財産を残す人が認知症になった場合です。認知症は財産を残す人だけでなく、相続する人でも起こりえます。若くして認知症を発症する人もいるのです。

そこで大きな問題になるのが、遺産分割協議です。

遺産分割協議は、相続人全員の合意が原則です。相続人が1人でも欠けると成立しません。認知症だからと遺産分割協議から外して分割方法を決めても、その分割は無効になります。

そこで、認知症の相続人がいる場合、ここでも成年後見人を選ぶことになります。

成年後見制度では、身内でも、専門家でも後見人になることができます。専門家が後見人になった場合、遺産分割協議でも、その専門家が認知症の相続人の代理人になります。ただし、相続人である身内が後見人になった場合、その相続人は遺産分割協議では代理人になれません。どちらも相続人のため、**「利益相反《りえきそうはん》」**になるからです。その場合、家庭裁判所に**「特**

別代理人＊」を選んでもらいます。この特別代理人に、認知症になった相続人の代理を行ってもらうことになります。

遺言がない場合、遺産分割協議の話し合いが法定相続分より優先します。

特別代理人は、自分が代理人となった相続人（認知症の人）の不利益になることはできません。普通、法定相続分を主張することになります。しかし、認知症の相続人は遺産を相続しても活用できない人がほとんどです。そこで、他の相続人との対立が生まれることがとても多いです。

相続税の申告・納付は、相続が発生してから10ヵ月以内と決められています。話し合いがまとまらないと、不動産は共有しか手がなくなってしまいます。

「不動産の共有は百害あって一利なし」です。親も子もどちらも認知症になる可能性を考えれば、やはり元気なうちに遺言書は作成すべきなのです。

＊代理人は本人と利益相反する行為を代理することはできない。その場合、申し立てに基づき裁判所が選任した代理人が本来の代理人に代わって代理行為を行う。その代理人を特別代理人という。

家族信託を結んでいれば認知症になっても有効な対策が打てる

認知症が社会問題になるにつれ、メディアなどでも**「家族信託」**が注目を浴びています。

簡単に説明しますと、信頼できる家族に不動産をはじめとする財産を託し、適切に管理してもらう仕組み——。これが家族信託です。

あらかじめ家族信託を結んでおくと、本人が認知症などで判断能力を失ってしまったあとでも、財産の管理や処分がスムーズに行えます。

わかりやすくするために、例を使ってお話しします。

親が認知症になり、実家の所有権を持ったまま、高齢者施設に入居したとします。子どもが、空き家になった実家の売却を考えたとします。繰り返しになりますが、成年後見制度では、子どもは不動産を動かせません。

しかし、家族信託を利用して家を管理する権限を子どもに移しておくと、まったく違って

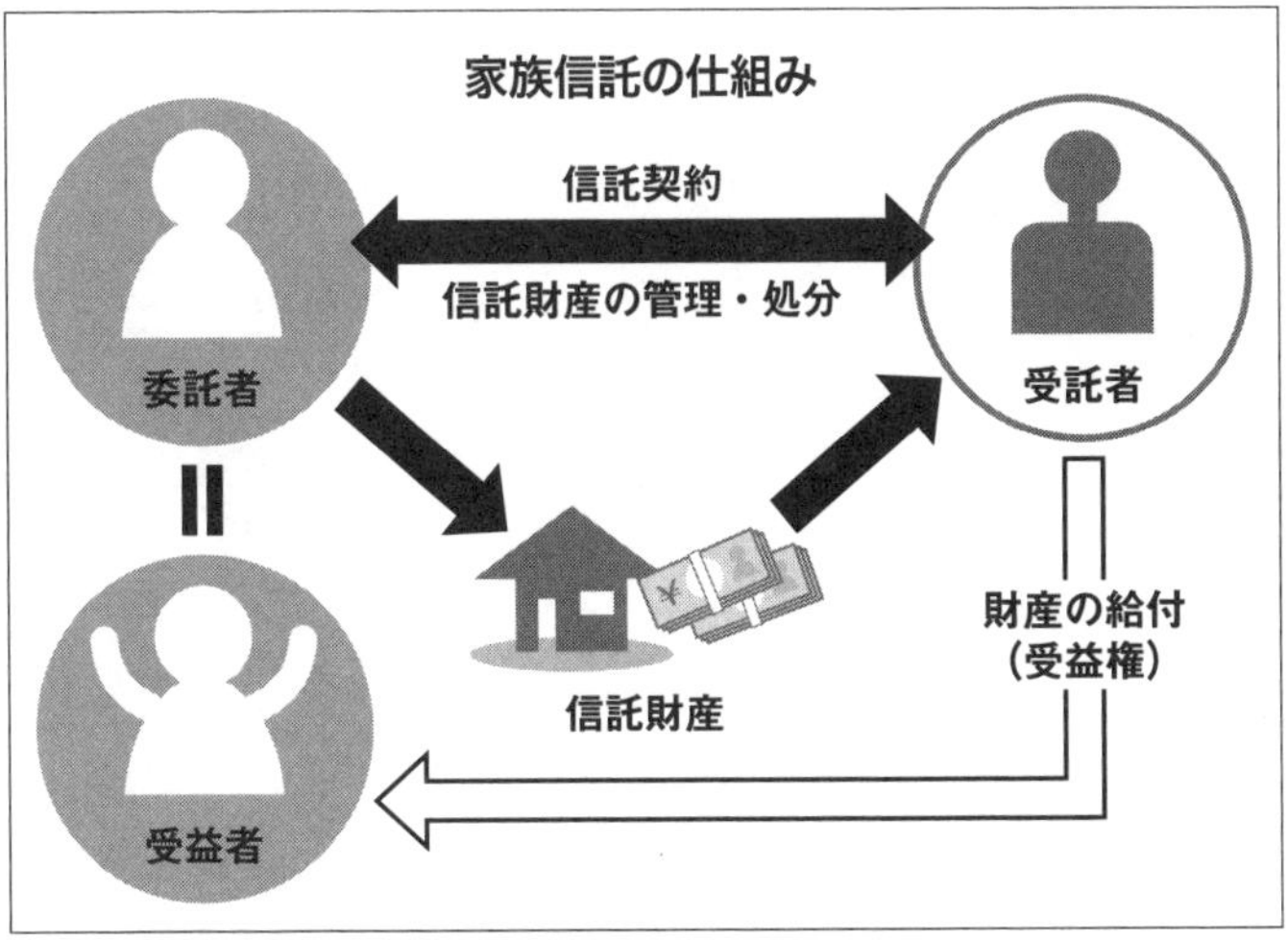

きます。

元気なうちに契約をしておき、親が認知症になって売却などが必要となった段階で子どもが登記すると、所有権の移転ができます。親が認知症になっても、子どもは売却を円滑に進められるのです。また登記されることで、信託の契約は効力を持ちますので、親が元気なうちは親のもののままです。

家族信託は次の世代のことを考えた制度であり、形を変えた不動産相続だと、私は考えています。

これからさらに高齢化が進み、家族信託はもっと多くの方に使われていくでしょう。

「お父さん（お母さん）、また同じことをいっている」……。それが決断する時

相続を考え始めるきっかけの一つとして、

「親（自分）に認知症の疑いが出て来たので、そろそろ考えたい」

というものがあります。これは大変素晴らしいです。

先ほど話した通り、認知症になってしまうと相続対策としてできることは本当に限られます。疑いがあるのであれば、少しでも早く相続対策を始めていきましょう。

一方で、こんなケースも多いようです。

「最近、物忘れが多くなった気がするけど、加齢によるものだろうからまだ何も対策する必要はないだろう」

「しばらく様子を見てひどいようだったら病院に行こう。それまではまだ何もしないでおこう」

加齢による物忘れと、認知症による物忘れには下記のような違いがあります。

・加齢による物忘れ……体験の一部を忘れているだけで、きっかけがあれば思い出せる
・認知症による物忘れ……体験のすべてを忘れているのが特徴で、忘れていることすらわからない場合がある。記憶が完全に抜け落ちている物忘れ

しかし、これらの違いを本人ないし家族が初期段階で気づくことはできるでしょうか。はっきりと認識するのは、物忘れが頻発し、その状況を何度も繰り返してからではないでしょうか。

認知症は急速に進むこともあるといいます。

また、相続対策もすべてを完了させるには時間がかかります。数日で終わるものでは到底ありません。はっきりと医師に「認知症です」と診断されてからでは遅いこともあるでしょう。

相続対策を考えるのに、「早すぎる」はありません。

「お父さん、また同じことをいっている……」

「最近物忘れがひどくなってきたなぁ」

そう思った時が、相続対策を始める時です。

第5章

遺言書を書くことが不動産相続対策の第一歩になる

～イザという時のための相続シミュレーション～

相続対策の基本「遺言書」作成と、そのポイント

遺言があると相続はスムーズに進みます。

私の家では、義理の母は亡くなるずいぶん前から自分が死ぬ時のことを想定して、ノートに書いてありました。

「お墓はこうして欲しい」「葬儀はこうしてくれ」。それ以外にも「資産はここにこのように残してある」「保険はこうなっている」ということを全部書いてくれていました。

たとえば、親が亡くなって「お墓はどうしようか?」となった時に、家族内では「やっぱりあったほうがいいよね」「どうしようか」と悩むのですが、そこに本人の言葉で「お墓はいらない」というメッセージが残されていると、家族内での勝手な意見や思い込みがなくなりスムーズに話が決まっていきます。

遺言の中に「財産分与で身内同士で争って欲しくない」といった一文がありますと、はっ

と我に返ったりもします。

そういった意味で、本人からのメッセージは必要なのです。

そこで重要なことは、第三者が見てもわかる「遺言書」でメッセージを残すことです。

生前に口頭で伝える、という方法を取る方もいらっしゃいますが、遺言書として書いて残してあることが大切です。

相続の際は悲しみや不安などいろいろな感情が出てきますので、感情論にもなりがちです。

しかし、遺言書として、遺す人の「思い」の伝わるものが残っていることで、争うことなく、幸せな相続ができるようになります。

親からの遺言書は、「争族」を防ぐ最後の砦なのです。

遺言書があれば、イザという時に最後の砦になる

遺言書がなくても、法律の定める分配基準（法定相続分）があります。遺言書がない場合、法律の定める法定相続分できっちり分けることもできます。

ただ、相続人が複数いる場合、それぞれの言い分や思惑があるものです。そこからの小さな対立が大きな対立に発展し、収拾がつかなくなることが少なくありません。

そこで、遺言書の効用です。

遺言書に記された言葉は、元々の財産の持ち主である故人の意思です。遺留分を大きく侵すような理不尽な内容でない限り、普通は相続人たちも納得してくれるのではないでしょうか。

遺言書は、イザという時の最後の砦——。

遺言書については、こう表現することも可能です。

また、先にお話ししたように、遺言書では、相続人でない人たち（世話になった友人、親類、息子の嫁など）にも財産を残すことができます（遺贈）。

相続トラブルを防ぐことはもちろん、遺言書には、資産を分割することで、こうした人たちへの感謝の気持ちを伝える役割もあるのです。遺言書を最後の砦にするために、守らなければならないポイントがあります。

＊財産を特定できる書き方にする

不動産は番地など、登記事項証明書の記載どおり具体的に記します。株式については会社名と株数、預貯金などは銀行と支店名、口座の種類、口座番号を明記します。

＊記載事項は正確に

記載事項については、誤りのないように書きます。たとえば、人名は戸籍謄本や住民票、不動産は登記事項証明書、預貯金は通帳、株式は証書を見ながら正確に書きましょう。

＊遺言執行者を指定する

遺言執行者は、第三者の立場から、遺言を忠実かつ公平に実行してくれる人です。できれば、法律の専門家である弁護士などを指定するとよいでしょう。

遺言執行者を指定する場合は、必ずその人の住所と氏名を記しておきます。

自己流の遺言は混乱のモト!? 守らなければならない細かいルールがある

遺言の方式には、いくつかあります。

＊自筆証書遺言……自分で書いた遺言書

＊公正証書遺言……公証人が作った遺言書

遺言で最も多く利用されているのが、この２つです。

まず、自筆証書遺言の話をします。

自筆証書遺言は自分一人で作成できるということが最大のメリットです。好きな時に誰にも知られず書くことができます。一方で、小さなミスで無効になったり、紛失や偽造・改ざんのおそれといったデメリットもあります。さらに相続の開始後には、家庭裁判所で「検認」を受ける必要があります。その手続きが終わるまで、遺言の執行に入れません。

また、遺言は手書きで書面にする必要があります。ワープロやタイプ、録画や録音されたもの、パソコンやUSBなどに残されたものは遺言とは認められません。

遺言を広い意味から考えると、「遺書」や死の床にある人の口から語られる言葉もその一つといえます。しかし、法的に有効であると認められる遺言は、民法で定められた方式に沿って作成されたものでなければなりません。

無効にしないために、民法で定められた次のようなルールを守ることです。

1. すべて自分の手で書く

2. 用紙や筆記用具は自由。書式も自由で、縦書きでも横書きでもかまわない

3. 日付は年月日まで正確に書く

4. 自分で署名（フルネーム）し、押印する。押印は朱肉を用いること。スタンプ式の押印は認められない

5. 訂正・削除・追加の場合は、決められた方法に従う。細かい規定があるため、不安があれば最初から書き直したほうが無難

6. 封筒に入れ、封印する。変造を防ぐために、封じ目に押印する

また、保管場所にも要注意です。書いた遺言書が発見されなかったり、相続が終わってから発見されたりするケースもあります。遺産分割協議を終えたあとに遺言書が発見され、法定相続分と異なっていた場合、最初から手続きをやり直すことになります。

そうならないために、保管場所は身内や信頼できる人に伝えておきましょう。ただし、盗まれたり書き換えられてしまうことには注意が必要です。

※2018年3月13日に、相続に関する民法の改正法案が国会に提出され、早ければ2019年から施行されることになりました。

遺言書に関しては、自筆証書遺言制度の見直しが含まれています。改正点は以下の3つです。

①自筆証書に、パソコンで作製した目録を添付したり、銀行通帳のコピーや不動産の登記事項証明書等を目録として添付したりして遺言を作成することができる

②申請すれば、自筆証書遺言を法務局で保管してくれる

③法務局で保管した自筆証書遺言は、裁判所による検認手続きが不要になる

この改正により、自筆証書遺言に伴う煩雑さが減少し、自筆証書遺言の利用が促進されることが考えられます。

公正証書遺言は2人以上の証人が必要で、基本的には公証役場へ出向いて作る

次に、公正証書遺言についてお話しします。

公正証書遺言は、**「公証人」**が作成します。

基本的には、遺言書を作る人が**「公証役場」**に出向き、公証人に口頭、または通訳人の通訳などによって遺言の内容を伝えます。公証人はそれを筆記し、**「遺言公正証書」**という公文書にします。公文書であることが、公正証書遺言の大きな特徴です。

公証人が作成するため、公正証書遺言の文章にはあいまいな表現はありません。記載されている内容も、問題のない遺言ができ上がります。

公正証書遺言なら、相続が開始したあと家庭裁判所での検認も不要で、すぐに遺言の執行に入れます。また、公文書であることから証拠力が高く、遺産の名義書換や処分の手続きもスムーズに運びます。

遺言公正証書は、作成された公証役場に原本が確実に保管されます。保管の面でも自筆証書遺言より安全で、盗難、紛失、改ざんといったおそれもありません。遺言を作成した人には**「正本」**と、請求した通数の**「謄本」**が交付されます。

ただし、公正証書遺言を作成する時には、必ず2人以上の証人と一緒に公証役場に出向く必要があります。

相続人や遺贈を受ける人など、遺言の内容と利害関係のある人は証人にはなれません。そのため、多くの場合、信頼できる友人・知人に証人を依頼することになります。

公正証書遺言の作成では、次のような書類の用意が必要です。

①遺言を残す人の実印・印鑑登録証明書
②証人2人の住所、職業、氏名、生年月日を書いたメモ
③財産を与える相手が相続人の場合は戸籍謄本、相続人以外の場合はその人の住民票
④財産のなかに不動産がある場合、その登記事項証明書（登記簿謄本）、固定資産税評価証明書など

一般の人が自分で「法律で認められる遺言書」を作ることは、とても困難です。遺言書が無効になることは親の思いが反映されないだけでなく、残された子どもたちのトラブルのタネにもなります。

できるならば、公正証書遺言の作成をお勧めします。およそ10万円からの費用で弁護士や司法書士に作成を依頼することが可能です。相続案件を扱う不動産会社や税理士でも、そういった専門家を紹介してくれることもあります。

遺言書に必要な項目を洗い出すことは、人生の棚卸になる

遺言で法的効力がある事柄は、次のようなことです。

①相続に関すること……相続分の指定、遺産分割方法の指定、相続人相互の担保責任の指定、特別受益者の持戻しの免除、遺贈の遺留分減殺請求方法の指定、推定相続人の廃除とその取り消しなど

②財産の処分に関すること……遺贈（法定相続人以外の人に、財産を分けること）や寄付の設定。信託の設定、生命保険金の受取人の指定など

③身分に関すること……子どもの認知や未成年者の後見人指定、遺言執行者の指定、指定の信託、祭祀継承者の指定など

自筆証書遺言でも、公正証書遺言でも、①と②に関することがメインになります。

相続分や遺産の分け方、遺贈について記す場合、総資産を把握する必要があります。総資

産を把握しないと、「誰にどういう財産を残すか」は決めようがないからです。

この総資産の把握も含め、遺言書に必要な項目を洗い出すことは、その人の人生の棚卸のようなものです。

自分はいかに生きてきたのか……。

遺言書を書く際、走馬灯のように人生がよみがえることでしょう。

「家族協力して仲よく暮らすように」とか、「葬儀は密葬で」といった希望を書き添えることもできますが、法的な拘束力はありません。実行するかしないかは、家族の任意です。

しかし、私はそういったこともぜひ遺言書に書くことをお勧めします。

相続シミュレーションとして、遺言書を書いてみよう

「遺言書など必要ない」

こう思っている人も、一度、作成してみることをお勧めします。理由は、生前の相続対策を考えるうえでのいいきっかけになるからです。

最初から完璧な遺言書を作る必要はありません。相続シミュレーションとして、人生の棚卸の一つの作業として、遺言書を作ってみるのです。

遺言書を作るには、まず自分の財産を把握し、一覧にしなければなりません。しかし自分で財産を把握するのは難しいものです。財産の把握では、税理士におおよその資産総額を計算しておいてもらうことが必要です。

「自分が死亡したあと、妻の生活は大丈夫だろうか?」

「先代など、他人名義のままになっている土地や建物はないか?」

「相続税がかかりそうだけど、相続税の手当てはできているのか？」

財産を一覧にすると、気になることが出てきます。

次に、相続人のことになります。

「いままで、誰にどれだけのお金を渡したのか？」

「いままで、誰にどれだけ世話になったか？」

こうしたことを考えると、遺産の分け方も浮かんできます。

「相続人の○○には、住宅取得資金を援助した。その分を差し引こう」

「介護で世話になった相続人の□□には、多めにあげよう」

「介護で世話になった嫁は相続人ではないが、お礼として財産を分けてあげよう」

他にもいろいろあるでしょうが、具体的な遺産の分け方も見えてきます。

ここで、一つ注意していただきたいポイントがあります。

シミュレーションの遺言書は、正式な遺言書の形式に決してしてはいけません。

シミュレーションのつもりで作成しても、遺言書としての書式をきちんと整えてしまえば、何かあった時、その内容が効力を発揮してしまうからです。また、曖昧な内容であれば、それが相続トラブルの引き金にもなりかねません。ここはよく注意してください。

遺言書は、弱ってからではプレッシャーで書けなくなる

「よし、『争族』にしないために、遺言書を書いてみよう」

こう決意して遺言書を書き始めたとします。実際に作業をしてみるとわかりますが、シミュレーションでもけっこう大変です。

誰にどのくらいの財産を残すか、残す財産は何にするか……。

具体的な内容を考え始めると家族の顔が浮かび、頭を絞ることになるからです。

試行錯誤を繰り返し、おそらく何度も書き直すことになると思います。何度書き直しても「これでよし」と思えず、さらに考えることにもなるでしょう。

シミュレーションですらそうでしょうし、本番の遺言書作成ともなると、大きなプレッシャーがかかってきます。

高齢になると体力的にも、気力的にも弱ってきます。思考力も衰えてきます。そこに大き

なプレッシャーが加わると、遺言書は書けなくなってしまいます。

遺言書を書こうと思っていても、いつ〝その時〟が訪れるかはわかりません。書けないいま（あるいは未完成のまま）死亡すると、もし自分なりに財産の分け方を考えていたとしても、それを伝えることができず、遺産の分割方法は相続人に委ねられることになります。

また子どもたちにとっても、親からの思いが書面で残っていることはトラブル防止に大いに役立ちます。兄弟間でもめそうになった時、そこに立ち返り冷静になることができます。

親はもういなくても、代わりに遺言書が子どもたちの道しるべとなるのです。

遺言書を作るなら、体力も気力もあるうちに作りましょう。

エンディングノートから、遺言書の練習を始める方法もある

「エンディングノート」をご存知でしょうか。

近年、「終活」という言葉が浸透し、人生の最期について考え、活動する人が増えています。そんななかで、自分の今までの人生と終わりについて書き綴ったノートがエンディングノートと呼ばれ、注目されています。

遺言書とエンディングノートの違いは、遺言書はおもに遺産分割などについて書かれており、法的効力や拘束力がありますが、エンディングノートはその人自身の人生についてまとめたものが多く、法的効力がありません。また遺言書は85ページで示したように、法律でルールが細かく規定されているのに対して、エンディングノートの書式は自由です。

葬儀会社などでは、終活対策として、エンディングノートを配っているところもあります。書店には、出版社のいろいろなエンディングノートも並んでいます。

遺言書のシミュレーションとして、エンディングノートの活用はお勧めです。すでに考えるべき項目が並んでおり、また日記のように気軽に書けるので、肩の力を抜いて考えてみるのには打ってつけです。

作った遺言書をもとに、家族の希望をヒアリングする

シミュレーションとして遺言書を作ったら、家族の希望をヒアリングしてみましょう。

相続トラブルは、「気持ちというボタンのかけ違い」から起こります。そのボタンのかけ違いを少しでも減らすために、家族の気持ちを知るのです。

「遺言書の雛型《ひながた》を作ったから、みんなの希望を確認したい」

この時、こんなことをいう必要はありません。もしこういうと、その遺言書の内容を知ろうと、家族間の関係がギクシャクすることにもなりかねません。

「自分に万が一のことが起きた時のことを考えているから、みんなの希望や気持ちを知っておきたい」

こういって、家族の希望を聞けばよいでしょう。

家族にヒアリングすると、いろいろな希望が出てきます。

「自分はマンション住まいだから、土地のある自宅を相続したい」
「自分は自宅を相続したくない。相続するなら、別の土地が欲しい」
「自分は離れて住んでいるから、自宅の相続は望まない。住宅ローンや子どもの教育もあるので、現金が欲しい」
「何もいらない。すべて使い切ってほしい」

自分が想像していた内容と一致するものもあれば、まったく違うものもあるでしょう。

家族の希望を聞いたからといって、すべてを反映させる必要はありません。納得できるものは、最終的な遺言書に反映させます。

家族の希望を反映させたくても、雛型の遺言書では実現できないものもあるでしょう。

生命保険金をどう使うか、自宅敷地の一部を売却してそのお金を誰に渡すか……。いろいろ考えると、道は見えてくるものです。こうすると、より家族の希望に沿った遺言書が作成できます。相続が発生しても、争族になる率は低くなります。

家族が相続でトラブルを起こさず、幸せに暮らせるように……。

この視点から、雛型の遺言書を修正すればよいのです。そもそも、遺言書を作成する目的はそこにあるのです。

親に相続の相談をしたければ、子どもはまず自分で遺言書を書いてみる

ここまでは、親が遺言書を作成する話です。

親が高齢になると、子どもとしては相続が心配になるものです。

「お父さん、そろそろ遺言書を作ったら……」

相続が気になっても、子どもの口からなかなかいい出しにくいですね。

「お前、おれに早く死ねというのか！」

下手をするとこう受け取られ、親子関係にヒビが入りかねません。少しずつ減ってきてはいるものの、まだまだ遺言書に抵抗を持っている方はいます。

「親に相続の相談をしたい、遺言書を作ってもらいたい」

こう思った時、どうすればいいのでしょうか？

私は、子どもがまず自分の遺言書を作成することをお勧めしています。作った遺言書は、親

に見てもらいます。

「遺言書を作った？　お前はまだ若い。遺言書なんか作らなくても大丈夫だろう」

親はこういうかもしれません。

「そうかもしれないけど、交通事故に遭うかもしれないし、急な病気になるかもしれない。万一のことがあったら、妻や子どもたちはどうするのさ。妻や子どもたちのことが心配でたまらないから、遺言書を書いたんだよ」

その時は、こう言葉を返せばよいでしょう。

世の習いからすると、親のほうが先に亡くなります。

「まだ若い子どもが万一のことを考え、自分の遺言書を作っている。年が上の自分に何もないとはいえないから、遺言書を考えるかな」

こうなると、親も遺言書への意識を持ってくれるようになるかもしれません。

また子ども自身にとっても、自分に万が一のことがあった場合を考えることができ、一石二鳥です。

親に遺言書を作成してもらいたいと考えている方は、ぜひ一度、お試しになってみてください。

親の思いと子どもの希望を結ぶ。ここが不動産相続トラブルを回避するコツ

ここまで、資産の大小にかかわらず相続トラブルは起きており、その中でも不動産の相続は多くのトラブルになっていることを取り上げました。

そして、日本の資産の大多数が不動産であることもすでに述べた通りです。

家族が円満に相続手続きが終えられ、その後も仲よく暮らしていく――。

そのためには、どうすればよいでしょうか？

相続というと、財産や相続税のことばかりに目がいきがちです。ある程度、それは仕方のないこととは思います。ですが、実は「感情面」にも十分に配慮することが必要です。

ここにこそ相続を考える本質があります。「親の思いと子どもの希望を結ぶこと」。円滑な相続を実現するには、これがポイントです。

現在では、従来の「家督相続」の名残も薄れています。

「長男だから、次男だから」で説得できる時代ではありません。相続人はみな同じ立場で、一人の相続人として、権利を主張できる時代になっています。

親には、親の思いがあります。子ども一人ひとりには、子ども一人ひとりの希望があります。この感情がないがしろにされると、複数の相続人と、親の思いにズレが生じます。

それが発端になり、遺産分割協議では、時には相続人の間で感情と感情のぶつかり合いが生じます。あれほど仲のよかった子どもたちなのに、「同じ人間なのか?」と驚くような光景が繰り広げられたりもします。

親の思いと子どもの希望を結ぶために肝心なことは、両者のすり合わせです。

そのためにすべきことは何でしょうか。

それは「自分や親に万が一のことがあったらどうなるか？」をイメージすることです。健康なうちは自分あるいは身近な人が亡くなることを考えることは少ないかもしれません。相続のことに興味関心がある方は、まず税金などを意識して調べ始めることがとても多いのですが、実は「自分が亡くなってしまったら、あるいは親がそうなってしまったら具体的にどうする？」というところをまずイメージすることがとても重要です。

イメージすると、「これが困るよね」「あれが困るよね」と現状の把握ができてきます。「この不動産は収益が悪いから、このまま相続させるのはよくないだろう」とか「あの不動産は兄弟でどう分ければいいのかな？」といった具体的な課題も見えてくるはずです。「もし今日亡くなったら、明日亡くなったらどうなるか？」という想定をすることが、最初の一歩です。

課題が明確になったら、次はそれを両者で伝え合うこと。それは何も、相続に関わる部分だけである必要はありません。ここに先ほどの「感情面」というのが大きく関わってきます。相続を考えるということは、資産を移すだけでなく、場合よっては「家族に対してこれをいっておけばよかった」ということを伝える機会でもあるのです。準備していないと、後悔しか出てこないこともあります。

よりよい結論を導き出すために、それなりの時間もかかります。期間が短いとどうしても無理が生じるため、拙速は避けなければなりません。

争族にしないために、「親の思いと子どもの希望を結ぶ相続」にする——。

具体的な相続対策を練る時、ぜひここを頭のど真ん中に据えていただきたいと思います。

第6章

不動産相続の事例集

～「不動産相続の相談窓口」編～

よく
わかる

ケーススタディ

「不動産相続の事例」の読み方

ここまで、不動産相続をめぐるトラブルの実態とそれに対する事前対策の大切さについて述べてきました。

第6章では、全国各地にある不動産相続の相談窓口に寄せられた事例を紹介します。相談事例を通じて「不動産相続の相談窓口では、実際にどのような事前対策を提案しているのか？」をおわかりいただけると思います。

また相談内容は多岐にわたっていますので、事例をケーススタディとして、ご自身の相続対策の参考にすることもできます。

次のページに事例集の読み方のポイントを掲載しましたので、参考にしてください。

掲載した内容は相談者の方々のプライバシーに配慮し、個人情報などを一部修正しているものもあります。あらかじめご了承ください。

本章作成にあたり、株式会社K・コンサルティング、株式会社トータルエステート・プロ、株式会社シナジープラス、とちぎ未来開発株式会社、株式会社サンクリエーション、コーエイ株式会社、太平不動産株式会社、ハーバーエステート株式会社、株式会社オノコムム、グラウンド・ワークス株式会社、株式会社エイト不動産Ｌａｂ、竹内建設株式会社より事例提供の協力をいただきました。

被相続人と相続人の親族関係と相続対策の概要を図解しています

「親ができる」「子どもができる」「親子でできる」の3つがあり、それぞれの事例に対する相続対策の主役がわかります

実際の相談事例の内容を要約しています

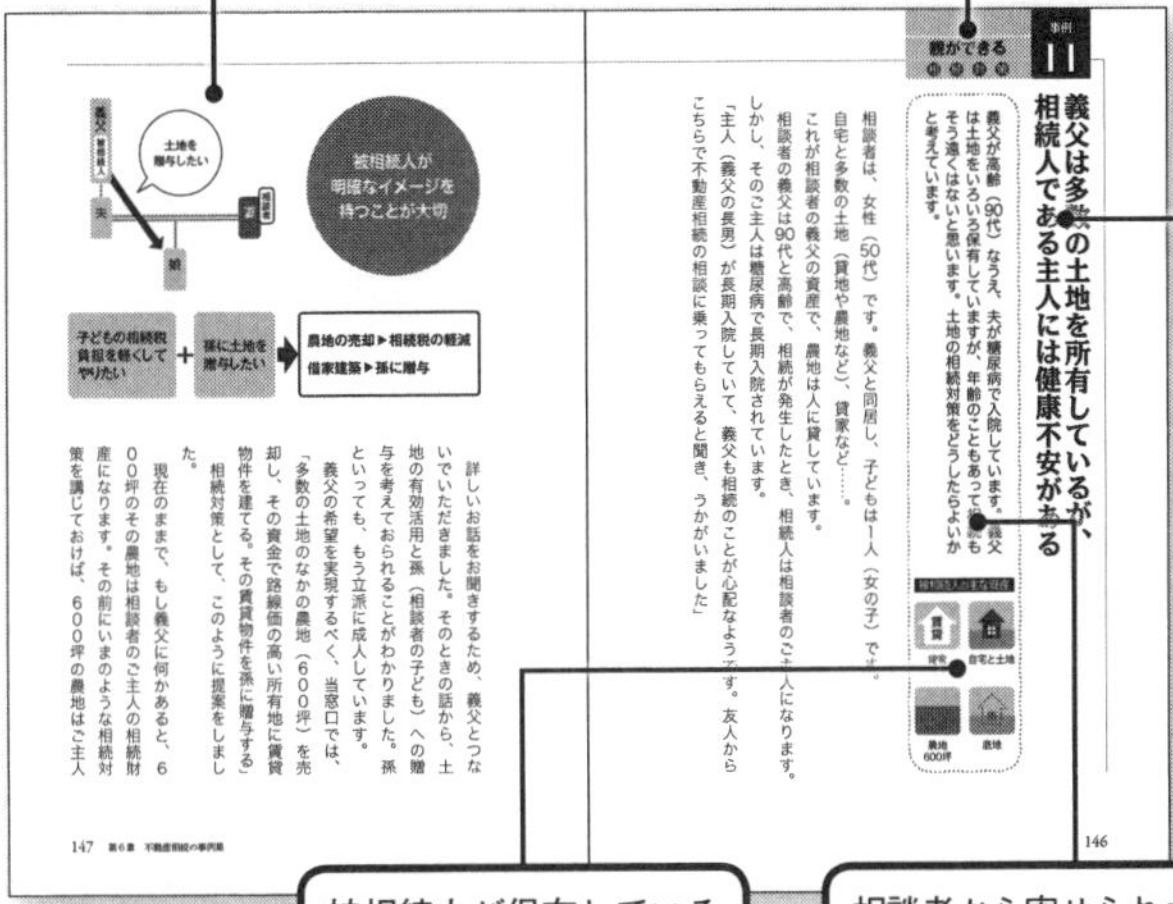

事例 11

親ができる

義父は多数の土地を所有しているが、相続人である主人には健康不安がある

義父が高齢（90代）なうえ、夫が糖尿病で入院しています。義父は土地をいろいろ保有していますが、年齢のこともあって相続もそう遠くはないと思います。土地の相続対策をどうしたらよいかと考えています。

相談者は、女性（50代）です。義父と同居し、子どもは1人（女の子）です。
自宅と多数の土地（貸地や農地など）、貸家など……。
これが相談者の義父の資産で、農地は人に貸しています。
相談者の義父は90代と高齢で、相続が発生したとき、相続人は相談者のご主人になります。
しかし、そのご主人は糖尿病で長期入院されています。
「主人（義父の長男）が長期入院していて、義父も相続のことが心配なようです。友人からこちらで不動産相続の相談に乗ってもらえると聞き、うかがいました」

146

詳しいお話をお聞きするため、義父とつないでいただきました。そのときの話から、土地の有効活用と孫（相談者の子ども）への贈与を考えておられることがわかりました。孫といっても、もう立派に成人しています。

義父の希望を実現するべく、当窓口では、「多数の土地のなかの農地（600坪）を売却し、その資金で路線価の高い所有地に賃貸物件を建てる。その賃貸物件を孫に贈与する」相続対策として、このように提案をしました。

現在のままで、もし義父に何かあると、600坪のその農地は相談者のご主人の相続財産になります。その前にいまのような相続対策を講じておけば、600坪の農地はご主人

147 第6章 不動産相続の事例集

被相続人が保有している相続資産を示しています

相談者から寄せられた相続対策に関する疑問と要望です

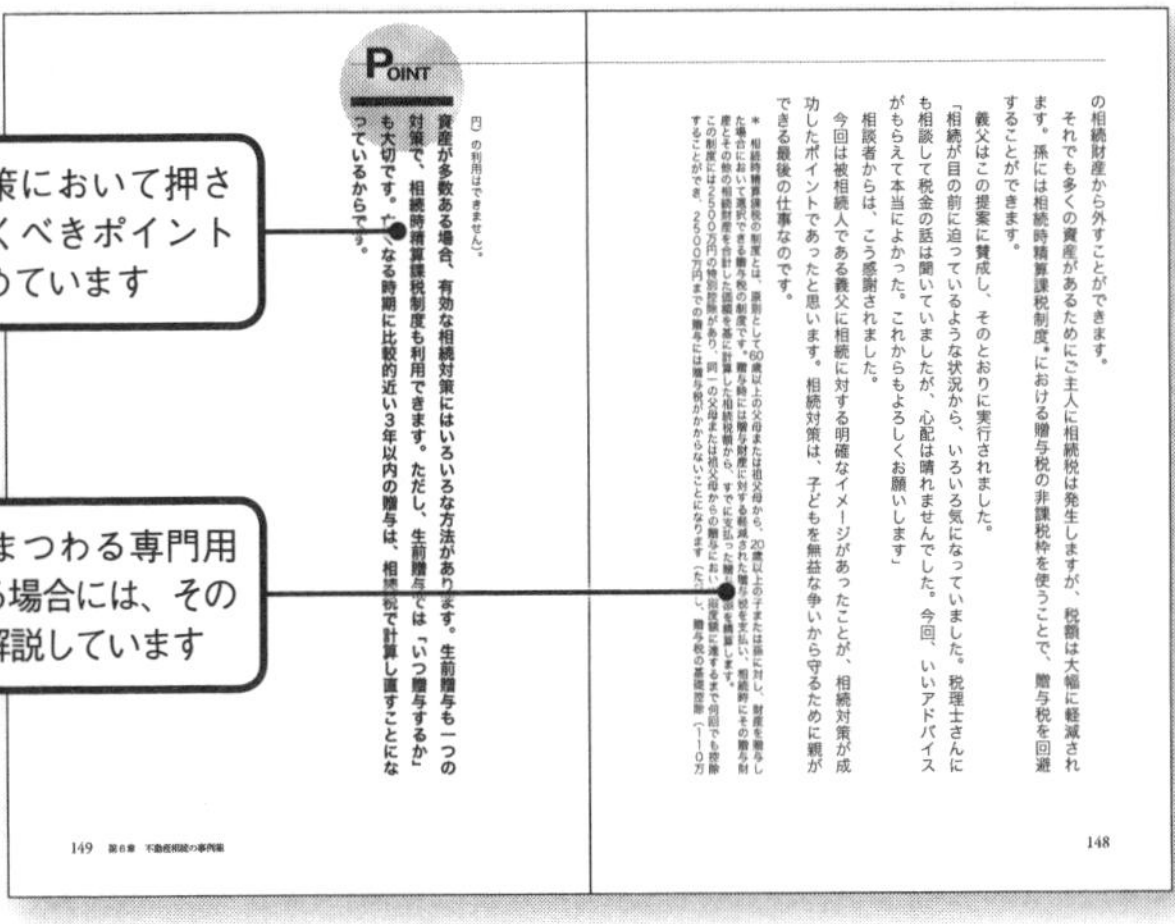

の相続財産から外すことができます。

それでも多くの資産があるためにご主人に相続税は発生しますが、税額は大幅に軽減されます。孫には相続時精算課税制度*における贈与税の非課税枠を使うことで、贈与税を回避することができます。

義父はこの提案に賛成し、そのとおりに実行されました。

「相続が目の前に迫っているような状況から、いろいろ気になっていました。税理士さんにも相談して税金の話は聞いていましたが、心配は晴れませんでした。今回、いいアドバイスがもらえて本当によかった。これからもよろしくお願いします」

相談者からは、こう感謝されました。

今回は被相続人である義父に相続に対する明確なイメージがあったことが、相続対策が成功したポイントであったと思います。相続対策は、子どもを無益な争いから守るために親ができる最後の仕事なのです。

* 相続時精算課税の制度とは、原則として60歳以上の父母または祖父母から、20歳以上の子または孫に対し、財産を贈与した場合において選択できる贈与税の制度です。贈与時には贈与財産に対する軽減された贈与税を支払い、相続時にその贈与財産とその他の相続財産を合計した価額を基に計算した相続税額から、すでに支払った贈与税額を精算します。この制度には2500万円の特別控除があり、同一の父母または祖父母からの贈与において控除額に達するまで何回でも控除することができ、2500万円までの贈与には贈与税がかからないことになります（ただし、贈与税の基礎控除（110万円）の利用はできません）。

148

POINT

資産が多数ある場合、有効な相続対策にはいろいろな方法があります。生前贈与も一つの対策で、相続時精算課税制度も利用できます。ただし、生前贈与では「いつ贈与するか」も大切です。亡くなる時期に比較的近い3年以内の贈与は、相続税で計算し直すことになっているからです。

149 第6章 不動産相続の事例集

相続対策において押さえておくべきポイントをまとめています

相続にまつわる専門用語がある場合には、その意味を解説しています

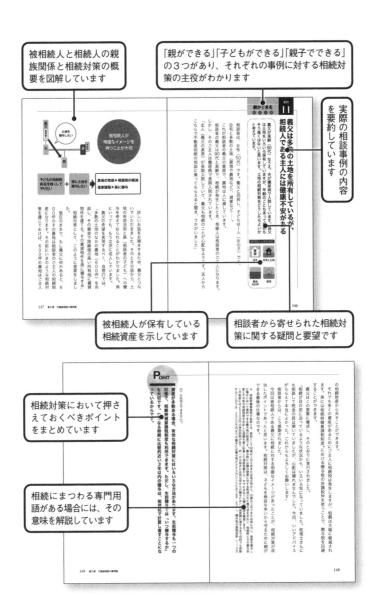

高齢の母親は広い敷地に住んでいる。相続時に、姉妹が土地の分割を要求してくる可能性がある

母親は、広い敷地の自宅を所有しています。敷地には母親が住んでいる母屋以外に、私たち夫婦の住む離れがあります。相続発生時には別居している姉妹が不動産の相続を要求するかもしれません。何か事前の対策はありますか？

被相続人の主な資産

自宅と土地
600坪

相談者は男性（60代）で、相談者夫妻には子どもがいません。相談者の父親はすでに他界。母親はまだ元気なものの、年齢は90歳に手が届きそうになっています。

父親が亡くなった時、自宅敷地と母屋、それに離れは母親が相続しています。自宅敷地はかなり広く（約６００坪）、母親が住む母屋と相談者夫婦が住む離れがあります。相談者には姉妹がおり、母親が亡くなると、相続人は相談者を含めた3人と、父母と養子縁組をしている妻の合わせて４人になります。

相談者の心配は、高齢の母親が亡くなった時の自宅敷地の扱いでした。父親の相続の時は、

母親がすべてを相続しましたが、今回は姉妹から自宅敷地の相続について何らかの要求があると考えられたからです。特に妹は賃貸住宅に住んでいるため、「母親の所有する実家敷地に、自分たちの家を建てたい」と要求してくる可能性が考えられました。姉は戸建に住んでいましたから、売却目的の土地の相続を要求してくる可能性があります。

姉妹から土地相続の要求があった時のことを考え、まず当窓口では自宅敷地の分筆を考えました。しかしながら、それには問題がありました。自宅敷地は広大なのですが広い道路に面している部分が少なく、仮に今の状態で分筆しても奥の土地は接道義務*を果たしていないので、住宅が建てられないのです。

そこで、次のような提案を行いました。

「母屋と離れを取り壊し、自宅敷地の奥まったところに、相談者夫妻と母親が同居する建物を新築する。同時に、広い道路に面しているところから、土地の真ん中に道路をつける。土地に造成を入れ、振り分けになった左右の土地を10筆に分筆する」

敷地は600坪もありますので、土地の真ん中に道路を入れて10筆に分筆しても、1筆の土地の広さは50坪前後の計算になります。こうすれば接道義務を果たしたうえで、戸建を建てるにも十分な広さの土地になります。自分が家を建てて住むことも、土地を売却することもできます。相談者夫妻と姉妹の間で、土地の分割がスムーズに行えるようになります。

そのうえで、相続人4人が集まり、分割について協議をしました。具体的には相談者夫妻と母親が住む建物は相談者が、10筆に分筆した土地のうち、姉妹がそれぞれ4筆、相談者の妻が2筆の土地を相続することで話し合いはまとまりました。

現実的なことをいえば、このプランは相続発生後でも可能です。しかし、相談者はすぐ実行に移すことを希望されました。相続が発生して姉妹が何かいってくる前に、しっかりした対策を打っておきたい思いがあったからです。

一方、母親は逡巡されました。母親にすれば母屋と離れには愛着があったからですが、将来を考える相談者の気持ちを理解し、このプランに同意されました。すぐプランどおりに着工し、すでに自宅敷地の分筆も終わっています。

姉妹については、相続が発生したら、姉は土地の売却を、妹は分筆した土地に新しく自宅を建てることを希望しているとのことです。

相談者はかねてからの心配事が解消して、非常に満足のご様子でした。母親も相続が原因で子どもたちがもめることは念頭になかったようでしたが、相談者の思いを理解し、現在では相談者が事前に対応してくれたことにとても感謝していました。

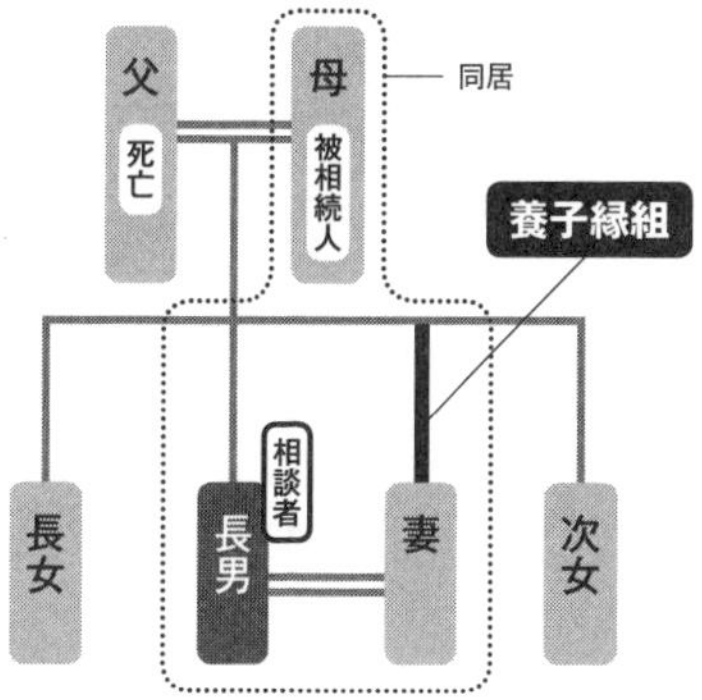

将来の
土地活用をして
相続対策を行う

現況

このまま分筆しても、奥のほうの土地は接道義務を果たしていないので、建物が建てられず、売れない

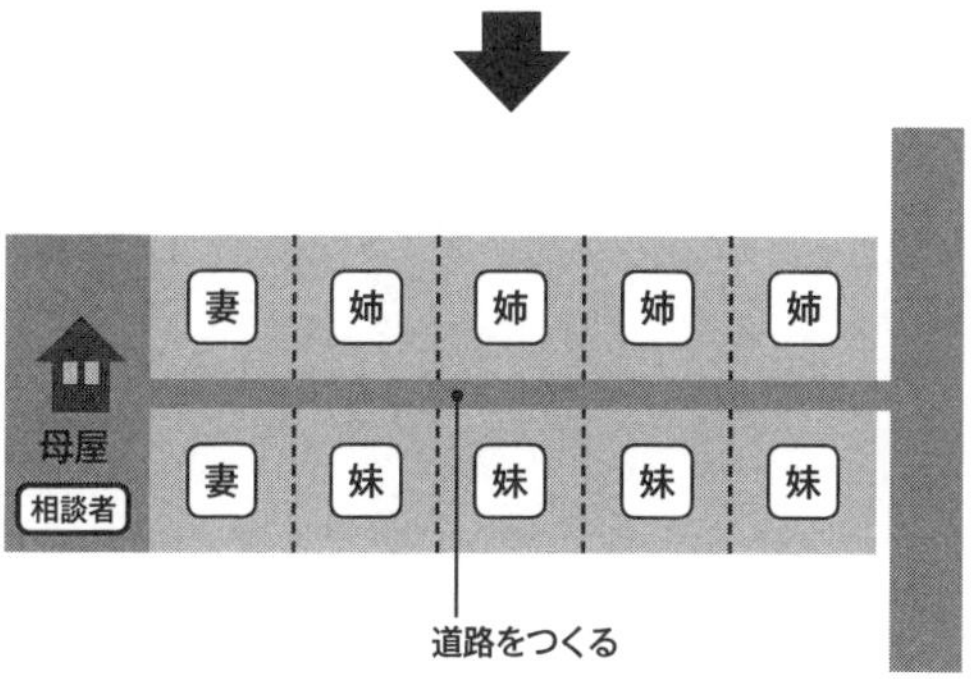

提案したプラン

土地の真ん中に道路を通すことで、住宅の建設をすることができ、宅地として売ることもできる

＊原則、建築物の敷地は、幅員４ｍ以上の道路に２ｍ以上接しなければなりません。災害時の避難経路の確保や、緊急車両が接近する経路を確保することが目的です。

POINT

相続では相続人の都合で不動産を要求してくる場合もあれば、現金を要求してくる場合もあります。不動産しか相続財産がなくても、事前対策をすれば、売却を含めたさまざまな対応が可能になります。

事例
2

子どもの
相続対策

自分には子どもがなく、無職の妹がいる。妹に資産を残してあげるためにできる方法は？

私は独身で子どもがなく、私が死んだ時は姉と妹が相続人になります。妹は無収入なので、妹に資産を残したいが、残債もあるのでどうすればいいいか、姉がその資産の分け方に納得するかどうかが心配でなりません。

被相続人の主な資産

相談者は、3人兄弟（長女・長男・次女）の長男（60代）です。

父親はすでに他界し、その時にアパート（2棟）と実家の建物を相談者が、実家の土地を母親（90代）が相続しています。現在、相談者は介護のために実家で母親と同居しており、姉は別のところで生活しています。

相談者にも姉と妹にも子どもがいません。母親が亡くなり、その後相談者が死亡すると、姉と妹が相続人になります。相談者はその妹のことが心配で、当窓口に相談に来られました。

相談者は、父親の相続で2棟のアパートを相続しました。そのうち1棟は築10年ですが、2

000万円の残債があります。もう1棟は相談者が1年前に建替えをしたばかりのものです。1年前の新築ですから、新しいアパートの借入金の残債は4000万円あります。ただ築1年でもあり、いまであれば売却して借金を返済するという選択肢があったわけですが、相談者にその意思はありませんでした。

「最終的に、私は施設に入ることになるでしょう。施設に入った時に、妹が生活していけるように家賃収入は残してやりたい」というのが相談者の希望でした。

相談者の妹は仕事がなく、定期的な収入がない状態だったからです。実際には相談者が金銭的な援助をしていました。

新しいアパートには住宅メーカーの家賃保証があるものの、空室状況によっては家賃が下げられないとも限りません。家賃が限界まで下げられても対応できるように、借入金を減らすことを考えなければなりません。

そこで、家賃がどれくらい下がるとどうなるかのシミュレーションを行いました。その結果、最悪の場合、10年後ぐらいに赤字に転落するリスクがありました。そうなると、妹に家賃収入を残すことはできなくなります。

そこで、当窓口では10年後ぐらいまでに、古いアパートの借入金2000万円を優先的に

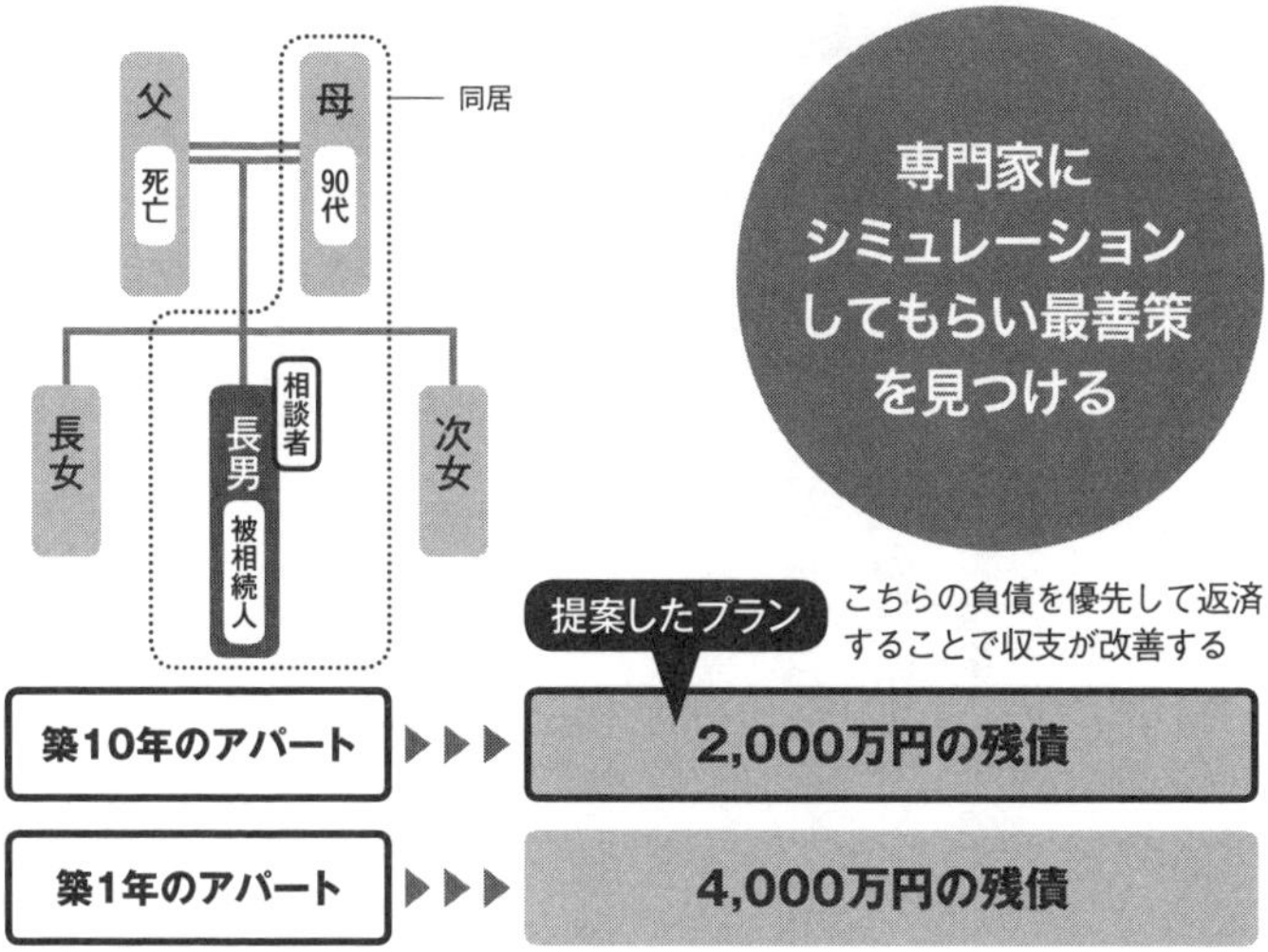

返済するスキームを提案しました。2000万円の残債が整理できていれば、新しいアパートのマイナスを補塡してプラスの収入を得られることがシミュレーションから明らかになったからです。幸い手持ちの現金が少しあり、相談者は繰上げ返済を実施し、2000万円の残債の早期返済を着実に進めています。

相談者の残る心配は、収益物件を妹に相続させるという、この妹に偏った相続スキームを姉が納得してくれるかどうかでした。相談者の相続が発生した場合、姉にも遺留分*があるからです。

この件について、相談者は姉と話し合いを持ちました。当窓口もアドバイザーとして同席しました。話し合いをしてみると、姉はやはり妹が心配だという気持ちが大きいことがわかり、姉には相談者の生命保険の受取人になることで納得してもらうことができました。

その内容を遺言書に残すことで合意をし、相談者は遺言書を作成しました。妹に資産を残すことができる目途がつき、相談者は心のつかえがとれた様子でした。加えて、姉の妹への気持ちを再確認できたのも、相談者にとってはうれしいことのようでした。

＊遺留分とは、一定の範囲の法定相続人に認められる、最低限の遺産取得分のこと。遺留分は、遺言に優先する。ただし相続廃除や相続欠格に該当した場合は、この限りではありません。

POINT

両親が他界し、自身は独身で子どももいない、兄弟（姉妹）はいる。そうした場合、兄弟（姉妹）にどう相続させるかは悩むものです。血のつながった兄弟だからわかるはずだ、という思い込みは争族の原因になります。ここでも事前に準備して、遺言書を残すことがトラブルなしに相続を実現する解決策になります。

高齢の母親は、多数の収益不動産を所有している。自分には収入がなく、早く贈与して欲しい

私は定年退職後、収入がなく生活に不安を抱えています。母親名義の不動産がありますが、母親には認知症の不安があります。そこで早く贈与してもらいたいのですが、聞き入れてくれません。相続になった場合でも妹たちともめたくありません。

被相続人の主な資産

相談者は3人兄弟（長男、長女、次女）の長男（60代）でした。

父親はすでに他界し、母親（80代）は認知症気味で、その面倒を相談者が見ています。

母親の資産は、自宅土地、収益不動産（アパート1棟と貸家6軒、底地2ヵ所）で、自宅建物は相談者の名義になっています。

相談者は定年退職していて、定期的な収入はありません。現在、相談者が母親所有の不動産の管理をすべて行っており、収益不動産からの収入で母親との生活を成り立たせています。

相談者は生活への不安から、「収益不動産を贈与してほしい」という希望をお持ちでした。

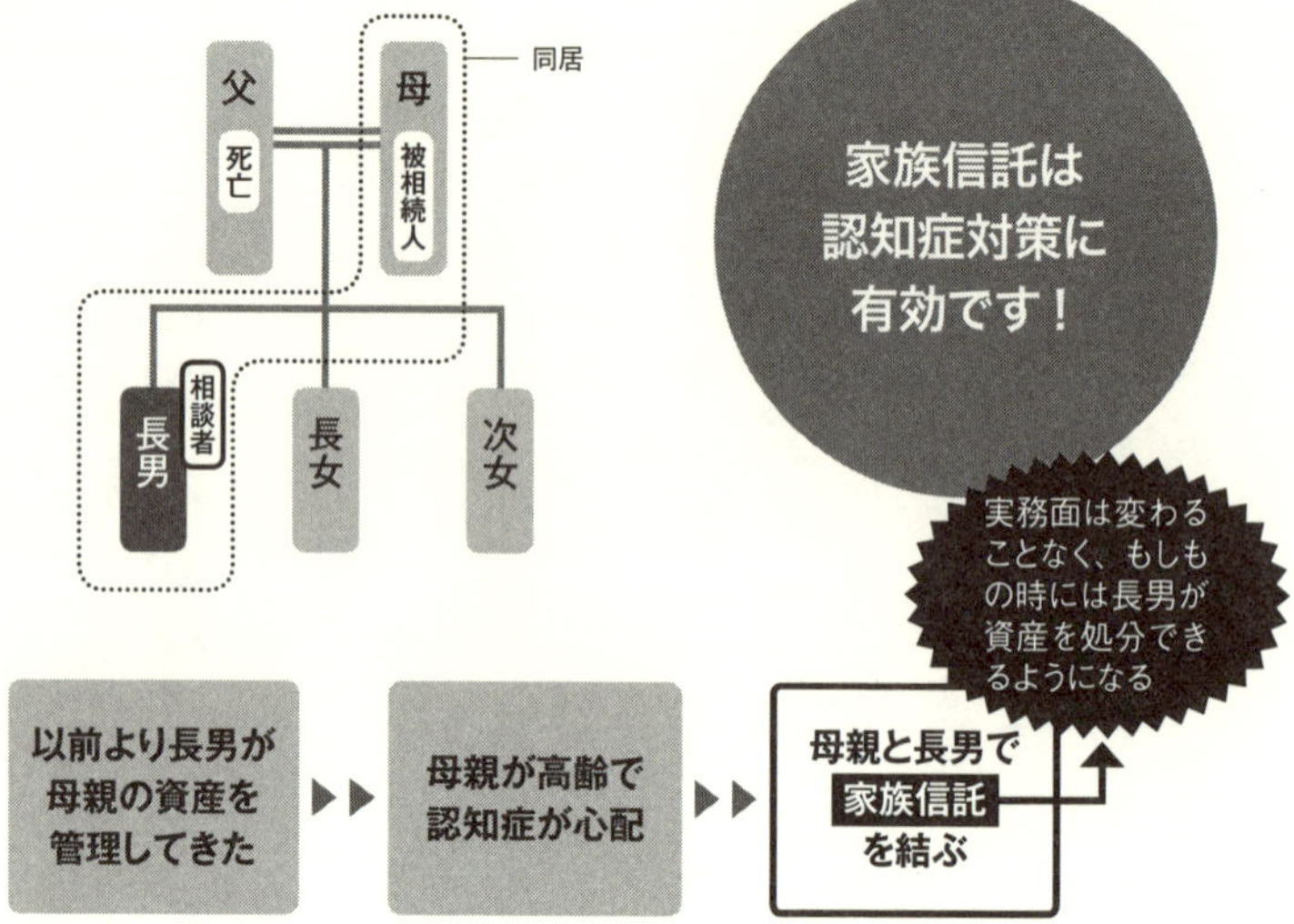

また母親には認知症の疑いがあり、相続への心配から当窓口の相続相談会に参加されました。

母親はまだ認知症と診断されたわけではありません。認知症と診断された後では、資産を動かすことができなくなります。＊

そこで当窓口ではまず家族信託を提案しました。家族信託（母親が委託者・受益者、相談者が受託者）を結んでおけば、いざという時、管理者である相談者が資産を動かすことができます。すでに不動産の管理はすべて相談者が行っているので、実務としては特に変わることはありません。贈与には難色を示していた母親も家族信託には同意してくれました。長女、次女も問題なく認めてくれました。

母親の資産管理という当面の問題に対処することができ、残るは母親が他界した場合の相続です。その場合、長女も次女も相続人となります。

相談者は「あの2人は大丈夫」といいますが、2人にも相続の権利はあります。そのことも視野に入れ、改めて3人と不動産の分割についてじっくり検討しました。その結果、遺産分割についても一定の結論を出すことができました。

贈与がきっかけでスタートした相続対策でしたが、家族信託から円満な遺産分割協議へとスムーズに進み、円満な解決が導き出せた一例だと思います。

＊認知症などにより本人の意思判断能力が低下した場合、財産が凍結されてしまうおそれがあります。そうなると、認知症になった親の代わりに子どもが不動産の売却や銀行の預貯金を引き出すことが一切できなくなってしまいます。親が認知症になった後に財産を管理する場合は、家庭裁判所へ申し立てを行い、成年後見人を選任してもらうことになります。

POINT

高齢の親が持つ資産の管理を子どもが行っている例は多いと思います。そんな状況で、親が認知症になってしまったら、相続が発生するまで資産の処分はできません。贈与も一つの手段ですが、税金の問題もありますので、その前に家族信託を検討してみてはいかがでしょうか？

母親が認知症になったら施設に入れたいが、入所資金も、入所後の面倒を見る費用もない

現在、高齢の母親の面倒を見ていますが、将来、認知症になったら施設に入れたいと考えています。そのための入所資金や入所後の面倒を見る費用も欲しい。また母親を施設に入れた後、実家は空き家になるため、その管理面も心配です。

被相続人の主な資産

自宅と土地

相談者は男性（60代）で、弟がいます。

相談者の実家は、父親がすでに他界し、土地・建物とも母親名義になっています。相談者は別に自宅を持っていますが、実家に住む高齢の母親（80代）の面倒を見ています。

相談者は、母親が認知症になったら施設に入れたいと考えていますが、まず施設への入所資金と入所後の施設での生活費が大問題でした。そこで、当窓口は実家（土地・建物）を相談者と母親との家族信託にすることを提案しました。

「家族信託にしておくと、お母さんが認知症になった場合、あなたが実家の土地・建物を売

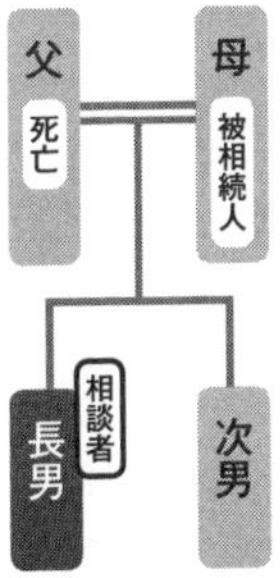

認知症になったら、「守りの対策」しかできない!?

●認知症になってからでは家族信託は結べない

●認知症になったら当該者の資産売却はできない

却できます。その売却代金を施設に入るための資金にも、入所後のお母さんの生活費にも充てられます」

こう説明すると、家族信託を希望されました。

母親が施設に入って亡くなったとしても、残る資産はほとんどが現金になります。次男と分割するにしても、不動産（実家の土地・建物）の場合より、それほど分割は難しくならないはずです。

相談者と母親、それに次男が相談し、家族信託にすることに決まりました。母親が委託者・受益者で、長男が受託者です。手続きも完了し、相談者はひと安心したようでした。

母親を施設に入所させると、実家は空き家

になりますが、相談者はしかるべき時期に売却をされるとのこと。それまでは、実家は相談者が管理することになります。

POINT

認知症は、資産運営に大きな影を落とします。「認知症になったら施設に」と考えているご家族も多いと思いますが、認知症になると、資産売却ができなくなります。認知症の発症前に「家族信託」を組んでおけば資産の凍結を防ぐことができ、親のために資産の有効活用ができます。

事例 5

子どもの相続対策

父親は認知症のおそれがある。いまのうちに底地の相続対策をしておきたい

父親は、飲食店に土地を貸しています。ただ最近、地代の回収がおぼつかなくなってきたようで不安です。認知症と認定される前に、父親名義の底地の対応や処分を自分ができるようにしておきたいのですが、父親をどのように説得すればよいのでしょうか？

被相続人の主な資産

底地

相談者は、男性（60代）です。妹がいましたが、ご主人との間に2人の子どもを残して亡くなっています。

母親はすでに他界し、高齢の父親（80代）がいます。父親は自分名義の土地を所有し、長く飲食店に貸しています。地代は現金払いで、毎月、父親が回収にいっていました。地代以外のことは、長男がすべて行っています。

ところが、最近、父親が当月分の地代を回収したかどうかわからないようになってしまいました。

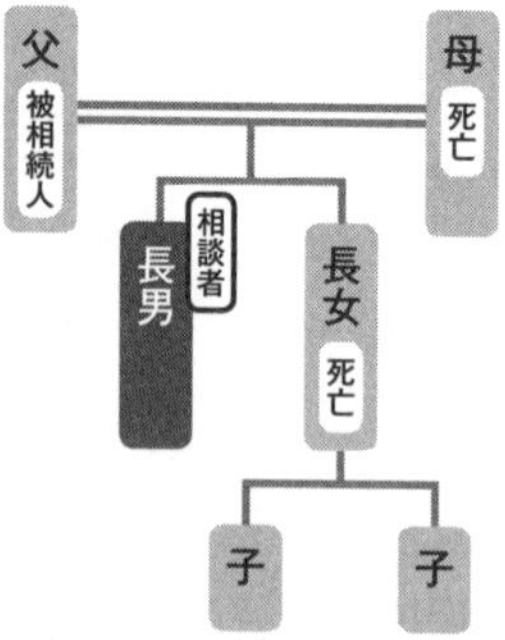

- **相続をタブーにしない親子関係をつくる**
- **家族の信頼関係があれば、早めの対策が打てる**

「もしかしたら、認知症なのかも？」

相談者は底地の相続に不安を覚え、相談に見えたのです。

相談者のお話をお聞きして、当窓口は底地の家族信託を提案しました。相談者が受託者となり、地代の管理などを相談者が行います。地代の収入は、父親のもとに入ります。

また、今後、飲食店との借地契約が解消になることもありえます。その場合、父親が認知症になってしまったら、相談者が新しい借地人と借地契約も結ぶことはできません。家族信託を結んでおけば、借地契約の更新も、新しい借地人との借地契約も、相談者が行えます。

「不動産のことは、息子（相談者）に任せている」

父親は、口ではこういいながら、法律的には何も任せていない状況でした。家族信託にすると、法律上もきちんと任せる形になります。

父親は毎月の地代の現金回収が楽しみで、唯一の仕事にもなっていました。最初は家族信託を結ぶことを渋っていましたが、相談者が父親を心配していることを繰り返し説明したことで、最終的には相談者の気持ちを理解し、「自分が認知症と診断された場合、息子に迷惑がかかる」と考え、家族信託に同意されました。

認知症は現代日本では避けられない切実な問題です。家族信託は相続における認知症対策の有効な手段です。しかし、そこに至るには家族間の信頼関係が必要です。相続をタブーとせず、日ごろから思いを伝える関係性を作っていただきたいと思います。

POINT

相続する人にとって、底地に限らず、財産を持っている人の認知症は非常に大きな不安要素です。認知症になっても対応できるようにするためには、現在のところ、「家族信託」にまさる方法はありません。

二次相続まで踏まえ、自分と2人の娘で亡夫の資産をうまく分割したい

夫が亡くなり、多数の資産を私と2人の娘で相続することになりました。2人の娘には収益財産がなるべく多く残るようにしつつ、二次相続の節税まで考慮した相続をしたいと考えています。

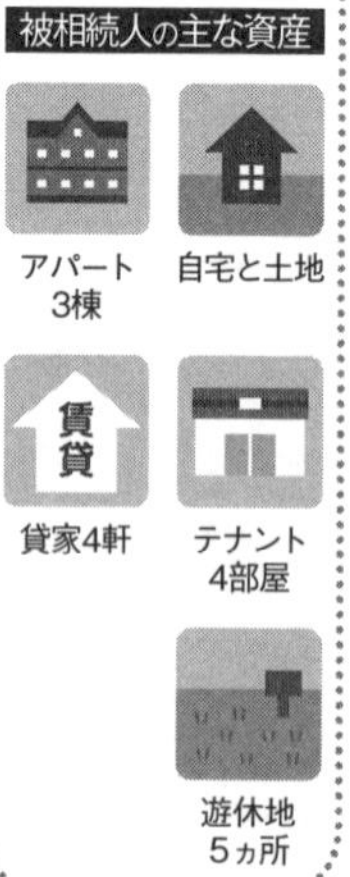

相談者は、女性（70代）で、子どもが2人（長女・次女）います。

2ヵ月ほど前にご主人が亡くなり、ご主人の資産を3人で相続することになりました。

ご主人の資産は以下の通りです。自宅（土地・建物）、アパート（3棟）、テナント（4部屋）、高級貸家（4軒）、遊休地（5ヵ所）……。そのほかにアパートを2棟所有していましたが、それはご主人が亡くなる前に、長女と次女に生前贈与していました。

総資産は8～10億円ぐらいになり、法律通りに相続すると、かなりの相続税が発生します。

「相続税の負担を軽くしたいし、長女と次女に収益財産が残るようにしたい」

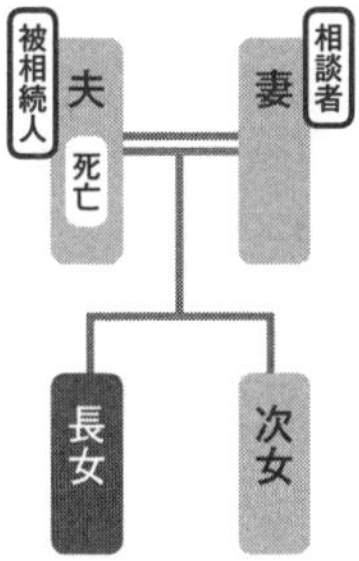

配偶者の税額軽減は二次相続まで踏まえて使う

よくある失敗例

配偶者の税額軽減もあり、二次相続は後回しにしがち ▶▶ 二次相続の際、子どもへの税負担が大きくなる ▶▶ 最終的には節税にならない

これが、相談者の希望でした。

当窓口では、相談者の希望をかなえるべく、配偶者の税額の軽減＊を最大限に活かすという方向で、いろいろとシミュレーションしました。

シミュレーションの結果、

「自宅と土地、テナントの多くと遊休地5ヵ所を相談者が相続し、その後、テナントの一部と遊休地を売却する。残りの資産（アパート3棟や貸家など）は、長女と次女が相続する」

という相続プランができあがりました。

テナントのうち、収益性の高いものは、売却せずに相談者に残します。少ないとはいえ、テナントには定期的収益があります。相談者に、その収益を確保しておくためです。

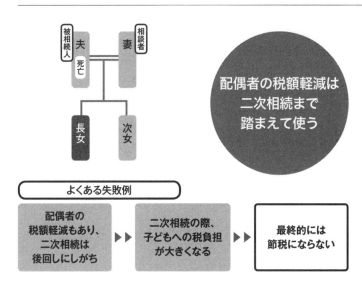

相談者が生活するため、自宅も相続したままとします。

こうすることで、なにも対策をしない場合と比べて、相続税は大幅に圧縮することができました。

相談者が相続したテナントと遊休地を売却すれば、二次相続が発生した場合の長女・次女の相続税負担は、非常に楽になります。

相談者も、長女も次女も、この提案に賛成されました。遺産分割協議もとどこおりなく終わり、相続税の申告も無事に終わりました。

＊配偶者の税額の軽減とは、被相続人の配偶者が遺産分割や遺贈により実際に取得した正味の遺産額が、①1億6千万円、②配偶者の法定相続分相当額、のどちらか多い金額までは配偶者に相続税はかからないという制度。この配偶者の税額軽減は、配偶者が遺産分割などで実際に取得した財産をもとに計算されます。

POINT

相続財産が大きい場合、一次相続で「配偶者の税額軽減」に目を奪われた相続を行いがちです。しかし、二次相続ではその方法が負担になるケースもあります。二次相続をにらみつつ、その後の売却も考慮に入れながら、一次相続で「配偶者の税額軽減」を効果的に使うのが得策です。

2人の子どもに均等に相続させたつもりだったが、売却話になって1人から不満が出た

夫が亡くなって自宅を私、アパートの土地を長女、駐車場の土地を次女が相続しました。姉妹に均等に分配するために私が考えたのですが、アパートの売却話が出ると、次女から不満が出てしまいました。

被相続人の主な資産

相談者は、女性（60代）です。

ご主人の資産は自宅・土地、アパート、駐車場でした。自宅を真ん中に、アパートと駐車場は自宅と接しています。

数年前にご主人が亡くなり、自宅・土地は相談者が、アパートの土地は長女が、駐車場の土地は次女が、それぞれ相続しました。

「2人の娘に均等に資産を分配したい」

という思いから、相談者が考えた分割方法でした。アパートの建物は法人名義になってお

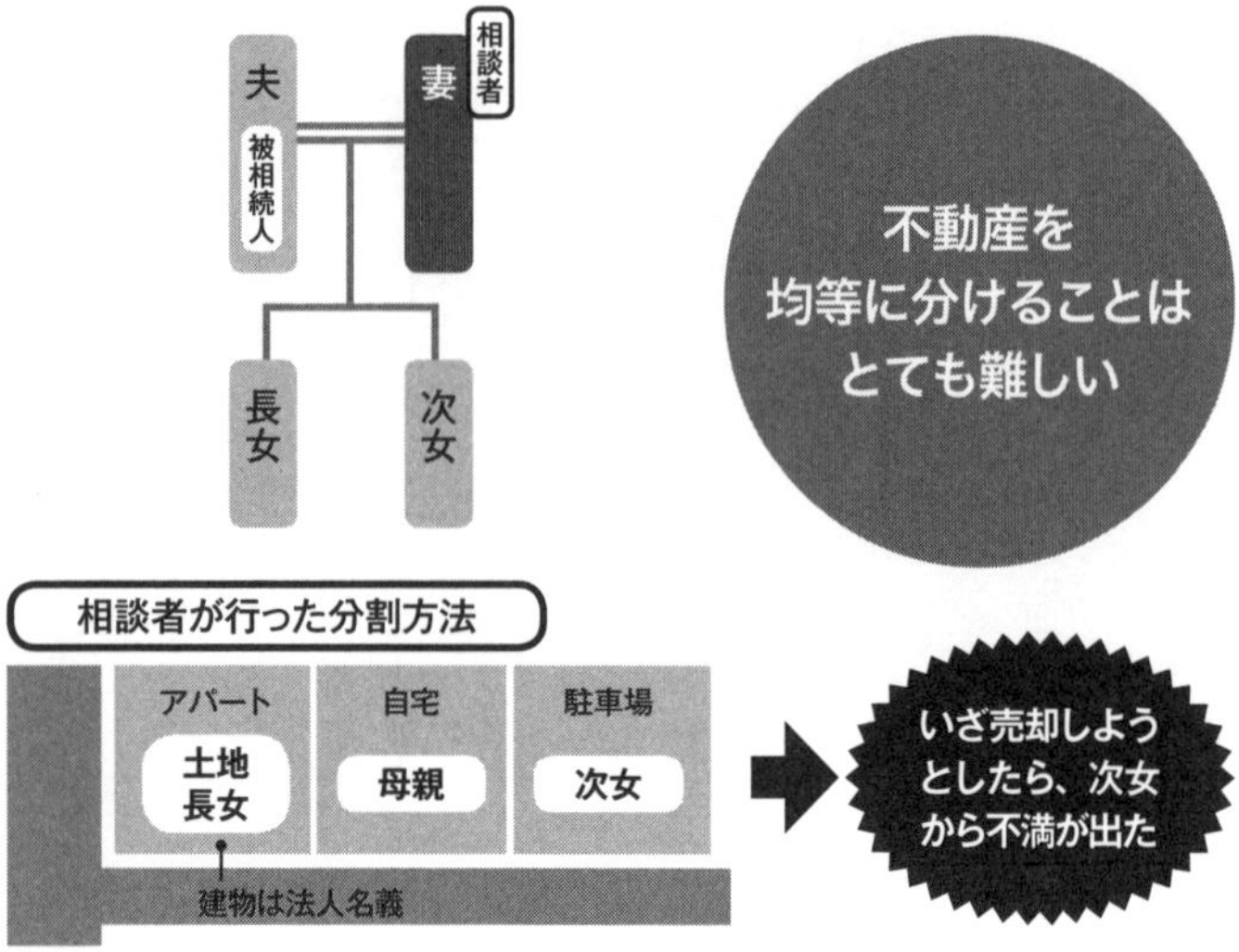

り、相談者が役員になっていますが、その収益は3人（相談者・長女・次女）で給料として分配しています。

ご主人が存命中は、アパート住人とのトラブルはありませんでした。しかし、男手がなくなったためか、アパート住人とトラブルが頻発するようになってしまいました。

「もう、アパートを手放したい……」。アパート経営に疲れた相談者は、こう考えるようになりました。

長女に異論はありませんでしたが、次女が難色を示します。アパートの住人の多くは、駐車場を使っているので、アパートがなくなってしまうと、駐車場の売り上げも大幅に落ち込むからです。法人をたたんでしまえば、給料もなくなります。

次女は、こう主張します。

「私が相続した駐車場の土地は、アパートの建つお姉さんの土地より固定資産税が高い。それを払い続けてきた。だから私はもっとお金をもらってもいいはずなのに我慢してきた。その上、会社からの給料がなくなってしまうのでは承知できない」

相談者はそんな家族間のもめごとを抱えながら、当窓口の相続勉強会に参加したのです。

当窓口が相談者に最初に伝えたことは、「相談者が元気なうちに、次女の不満を解消する形で精算しておく必要がある」ということでした。そこで、次のような提案を行いました。

「アパートと土地、駐車場を売却し、姉妹がそれぞれ土地売却分の利益を得る。この場合、面積の広い駐車場のほうが価格は高いので、次女も納得しやすい」

また相談者は、長女から同居を持ちかけられているとのことでした。実家の家は古く、同居するのであればリフォームが必要でした。そこで「長女の土地売買で得たお金を実家のリフォームにあて、長女家族は一緒に住みながら奥様（相談者）の老後の面倒を見る、ということであれば、次女はなおさら承知するのではないでしょうか」とお話ししました。

その後、3人で話し合いました。次女は、心から賛成してくれたそうです。

相談者は、自身の相続が発生した際には、老後の面倒を見てくれた長女へ、自宅と土地を譲るつもりです。長女がそこまで母親を大切にしてくれるのであれば、次女も納得するに違いありません。

土地売却が終了した時点で、遺言書を作成しておくことも提案しました。

このケースでは相談者が元気なうちに対策を打つことで、解決を得ることができました。これを延ばし延ばしにしていたら、問題はこじれるばかりだったと思います。

POINT

仲のよい姉妹、血を分けた親子とはいえ、それぞれの立場からの主張を曲げることは難しい場合が多いのです。そうならないためにも早め早めにトラブルの芽は摘んでしまうことです。不動産相続の場合、その専門家に相談することをお勧めします。

事例
8

親ができる
相続対策

実家の相続をめぐり、母親の面倒を見ていた妹が均等分割を拒否した

母親が亡くなり、母親名義の実家を兄弟3人（長男・長女・次男）で相続することになりました。私と弟は1／3ずつ相続することを提案しましたが、母親の面倒を見ていた長女が納得しませんでした。なにかよい解決方法はありますか？

被相続人の主な資産

自宅と土地

娘と共有名義の
マンション

相談者は男性（60代）で、3人兄弟（長男・長女・次男）の長男です。

父親はすでに他界し、父親の資産（実家の土地・建物、長女が所有するマンションの1／2）はすべて母親が相続していました。長女が所有するマンションの1／2というのは、長女がこのマンションを購入する時、父親が購入資金の1／2を援助したからでした。

相談者と次男は、実家を離れて自宅を構えていました。長女は高齢の母親（80代）の面倒を見るため、母親と実家で同居していました。

その母親が亡くなり、相続が発生しました。相続財産は母親名義の実家の土地・建物、そ

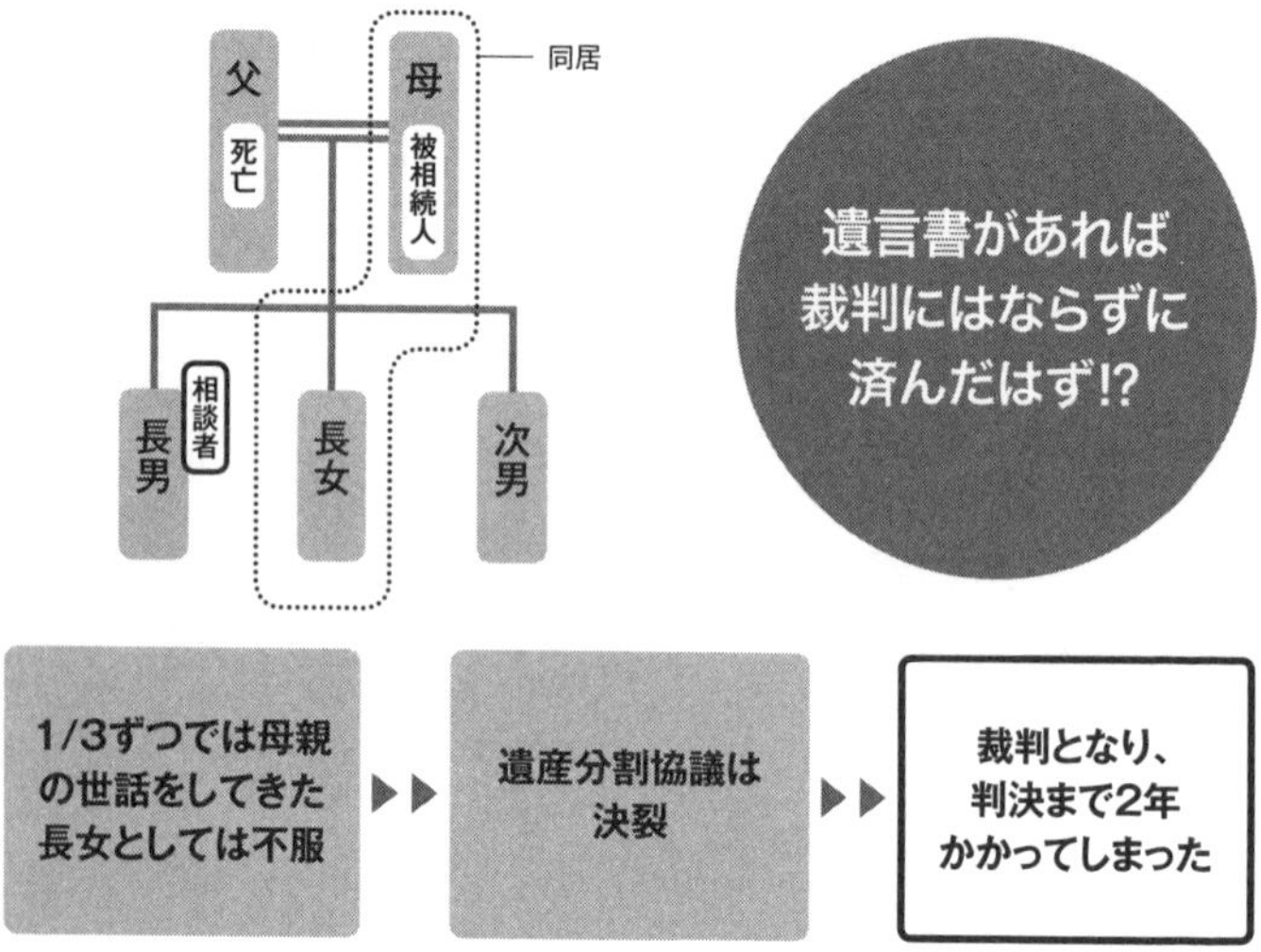

れに長女のマンションの1／2です。

マンションは長女が相続し、実家の土地・建物を相談者と次男で分ける。当初はこうした分割で相続するという話でした。

弟は相談者と同意見でしたので、このままスンナリ話は決まると思われましたが、長女が納得しませんでした。

「私は、母親の世話をずっとしてきた。自分には、実家についても相続する権利があるはずだ」と、主張したのです。

ここで困った相談者は、当窓口に相談にきました。何度も話し合いを重ねた結果、当窓口はこのような提案をしました。

「マンションと実家を売却し、マンションの売却代金の1／2は長女に渡す。マンションション売却代金の残りと実家の売却代金については、それぞれが法定相続分の1／3ずつ相続する」しかし、長女は納得しません。意見が対立したままで、遺産分割協議*はまとまりませんでした。

このケースは裁判になり、裁判は2年もかかりました。判決では、不動産の処分と分割については当窓口が提案した通りとなりました。実際にはそれに加えて、母親の預貯金をすべて長女に回すということで合意を見ています。

裁判になる以前、この3兄弟は仲良く交流していました。裁判以後、交流はいっさいなくなりました。典型的な相続トラブルの悲しい結末でした。母親が遺言を残しておかなかったのが、本当に残念です。面倒を見てくれた長女に厚く相続させる遺言書があれば、裁判まで問題がこじれることはなかったと思います。

*遺産分割協議とは、相続人全員で被相続人の遺産の分け方を決める話し合いのこと。相続人の中に認知症の方がいる場合、協議は原則無効です。家庭裁判所に申し立てを行い、成年後見人が選任されたのち、財産分けの話し合いとなります。

POINT

裁判で決着がついても、全員が納得するとは限りません。だからこそ、遺言書が大切なのです。ただし、「1人でも納得しない場合はこうしなさい」と、ゴールを作っておいてあげることは必要です。それが、親が子どもにやれる最後の仕事です。

事例 9

相続した不動産を分割しようとしたら、「不動産より現金を」と妹がいい出した

父親の相続で、妹が「不動産はいらないから、現金が欲しい」といい出しました。相続財産は亡くなった父親名義の実家と、私と両親の共有名義のアパートだけで、妹に渡す現金はありません。不動産を使って現金を用意する方法を教えてほしい。

被相続人の主な資産

自宅と土地

配偶者と長男の共有名義のアパート

相談者は、男性（60代）で、妹が1人います。

高齢の父親と認知症が疑われる母親の面倒を見るため、相談者夫妻は実家で同居していました。妹は結婚し、実家を離れていました。

その父親が亡くなり、遺産は父親名義の実家（土地・建物）とアパートでした。アパートは相談者が1／2、父親と母親が1／4ずつの共有名義になっていました。アパートを購入した時、相談者が中心となって資金を銀行から借入れたため、持分が多くなっています。

「私は不動産はいらない。現金が欲しい」

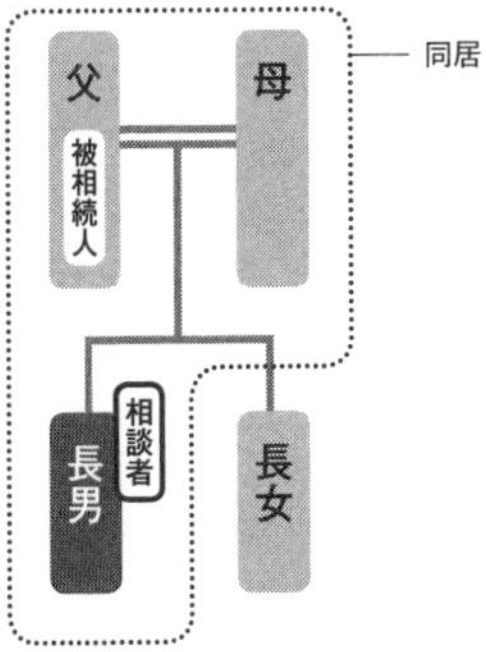

共有名義はできるだけ早く解消しておく

●不動産の共有名義は相続発生時にはトラブルの種

●共有名義では現金をつくろうにも銀行も融資しにくい

相続の話になった時、妹はこう主張します。

父親の遺産価値は、実家とアパートがそれぞれ3000万円です。しかし、相談者にも、父親の遺産にも現金はありません。「妹に渡す現金をどう工面すればよいのか？」を相談するために、相談者は当窓口にきました。

当窓口では、相談者の相続資産の状況を分析し、こう提案を行いました。

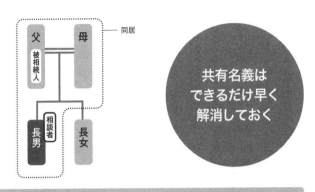

「実家とアパートの父親名義分は、相談者が相続する。そのアパートを担保に相談者が銀行から1000万円を借り、妹には相続分として1000万円を渡す」

妹はこの提案に賛成したのですが、アパートを担保に銀行から借入しようとしたところ、共有名義なので融資は難しいといわれてしまいました。何回か粘り強く交渉を重ね、ようやく不動産担保ローンから200万円を借り、母親の持ち分を相談者に贈与することで共有を解消することができました。

この提案が受け入れられ、問題は処理できました。不動産は相談者に一本化され、将来的な共有名義のリスクも軽減できています。

ただし、相談者には重い負担が残りました。銀行からの借金を返済し続けつつ、認知症の疑いのある母親の面倒も見なければならないからです。

それでも、相談者はこのスキームを受け入れました。

「この機会に、アパートを共有にしたという過去の部分をリセットしたい。自分の子どもに相続のトラブルの芽を残したくない。その代わり相続のゴールとして全部自分が引き受ける」

このスキームを受け入れたのは、相談者の強い思いがあったからです。

POINT

共有名義は一次相続の分割でもトラブルの種になるうえ、二次相続でもトラブルの大きな原因になります。それればかりか、担保にして金融機関から融資を受けようとした際、共有名義を理由に断られることもあります。くれぐれも注意が必要です。

農地が、私と義弟との共有状態。私が死んだら、その農地はどうなるか？

亡くなった夫から相続した農地は私と義弟（亡くなった夫の弟）との共有になっています。私も高齢で、もし私が死んだら、双方の子どもが共有することになります。その土地の相続対策は、どうしたらいいのでしょうか？

被相続人の主な資産

義弟との共有状態の
農地600坪

相談者は、女性（80代）です。3人の子ども（長男・長女・次男）がいます。夫は2年前に他界しています。長女夫妻と孫と同居していますが、長男と次男は実家を離れています。夫の相続が発生した時、相談者は相続に対する知識がなく、実際には何もしていませんでした。その状態に不安になった相談者が当窓口の相続勉強会に参加したのが相談のきっかけです。

「相続で、何か手続きをしなければいけないことすら知りませんでした。主人が亡くなった時、何も手続きをしませんでした。何かまずいことがあるのでしょうか？」

相談は、相続手続きの基本から始まりました。相続税は、基本的に相続発生後10ヵ月以内の納付が義務付けられています。この方に、遺産分割協議ができているかどうか、それについて税務署と相談したことがあるかを確認しました。結局、この方は何もしていない状態でした。

通常、相続税を納付しないまま3年を経過してしまうと脱税扱いになり、税務署の心証も悪くなります。まず、相続税対策が先決です。

「遅ればせながら分割協議を行い、相続税は延滞という形で改めて行います」

税理士と同行して税務署に行き、とりあえず処分を止めてもらいました。

「相続税のために、その農地を売却してもいいと思っています。ただ、その農地は義弟（亡くなったご主人の弟）との共有になっているんです。どうしたらいいでしょうか？」

相続税の納付対策を相談していた時、不動産の共有の話が出てきました。相談者のご主人の相続資産は、駅近くの自宅と600坪の農地でしたが、厄介な共有状態になっているのは、その600坪の農地ということでした。

不動産の共有は、遺産分割協議が整わなかったから共有名義にしたというケースが多くあります。ところが、この場合は、そうではありませんでした。その農地は、そもそもご主人

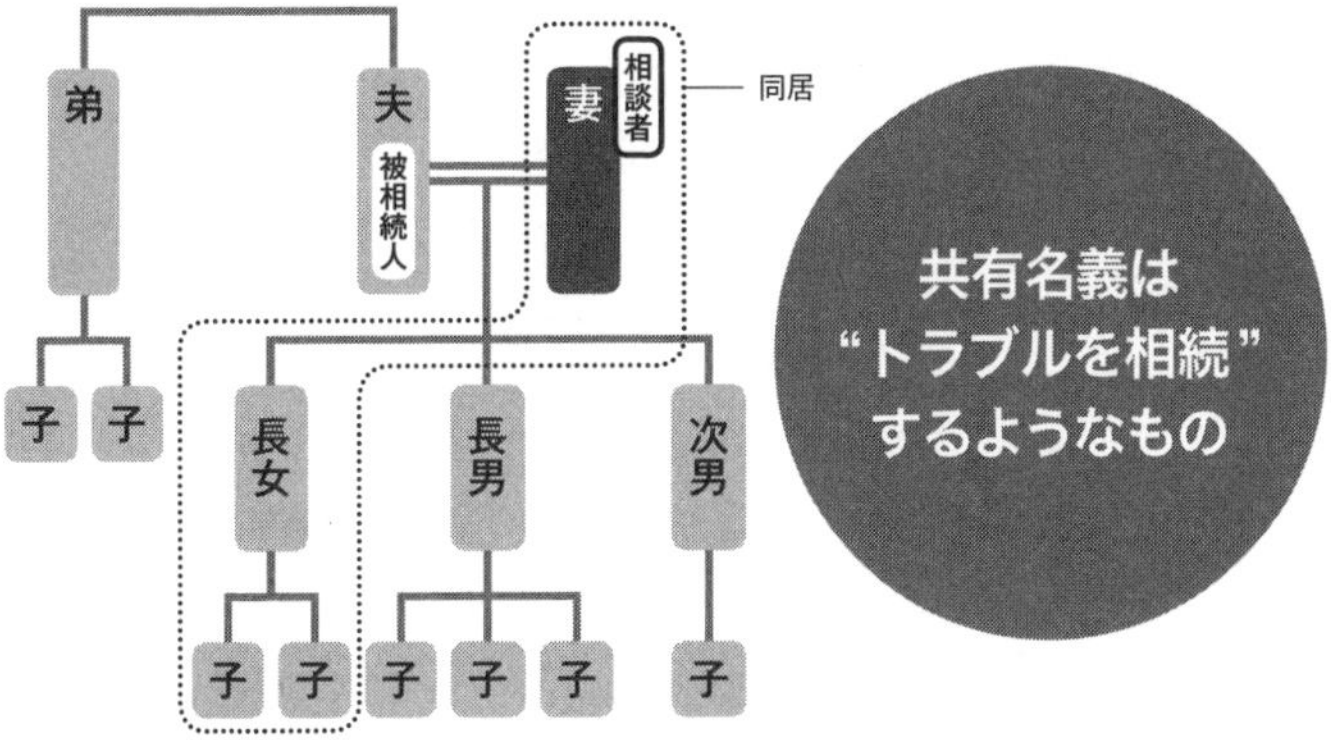

もし、このまま共有を放置すると ▶▶ **夫の弟の子どもと相談者の孫たちが共有するという状態になる危険性がある**

の父親のもので、父親に相続が発生した時、相談者のご主人と義弟が半分ずつ相続していました。しかし、ご主人が亡くなった時には何もせず、農地の名義はそのままになっていました。最終的に売却するにも、ここはきちんと解決しておかなければならないポイントです。

そこでまずは、相続人である相談者とその子どもたちで話し合いをしていただきました。その結果、売却を前提として農地をいったん法定相続通りに分割して登記することで話が決まりました。

次に、相談者の相続税を捻出するために、具体的な売却話になりました。

600坪の農地は駅近くと好立地でもあり、

住宅地には最適の地です。そこで当窓口で買い取って造成し、新築分譲として売り出すことを提案しました。その代金で、相談者は相続税を納めることができます。

この提案に、相談者もその子どもたちも、共有者である義弟も賛成してくれました。売却話は順調に進み、延滞にはなりましたが、相談者は無事に相続税を納付することができました。

今回はご家族や共有の一方の当事者である義弟が良好な関係にあったのでもめることなく土地の売却まで持っていくことができました。

ただし遺産分割協議がまとまらなかった結果による共有は、非常に厄介です。その場しのぎで共有にしてしまうと、その時はよくても、時が経つことで相続人が多数になり、いざ売却や活用をしようとしても名義人全員の協議をまとめることが非常に困難になります。

今回のケースでいえば、共有を解消せずに相談者が亡くなると、義弟と相談者の長男、長女、次男という関係の希薄な4人で共有することになり、現状より権利関係が複雑になってしまうところでした。

「今回はとりあえず共有で」

この言葉が出てきたら、要注意！　面倒でも、当窓口のような不動産相続の専門家のアドバイスをもらい、共有状態を解消しておくことを強くお勧めします。

POINT

土地の共有名義は、遺産分割協議の結果だけとは限りません。このケースのように、遺産分割協議をしなくても、実質的に共有名義になってしまうケースもあります。当事者にその意識がなくても、子どもや孫の世代に相続トラブルの元を残すことになります。

事例 11

義父は多数の土地を所有しているが、相続人である主人には健康不安がある

義父が高齢（90代）なうえ、夫が糖尿病で入院しています。義父は土地をいろいろ保有していますが、年齢のこともあって相続もそう遠くはないと思います。土地の相続対策をどうしたらよいかと考えています。

被相続人の主な資産

相談者は、女性（50代）です。義父と同居し、子どもは1人（娘）です。

自宅と多数の土地（貸地や農地など）、貸家など……。

これが相談者の義父の資産で、農地は人に貸しています。

相談者の義父は90代と高齢で、相続が発生した時、相続人は相談者のご主人になります。しかし、そのご主人は糖尿病で長期入院されています。

「主人（義父の長男）が長期入院していて、義父も相続のことが心配なようです。友人からこちらで不動産相続の相談に乗ってもらえると聞き、うかがいました」

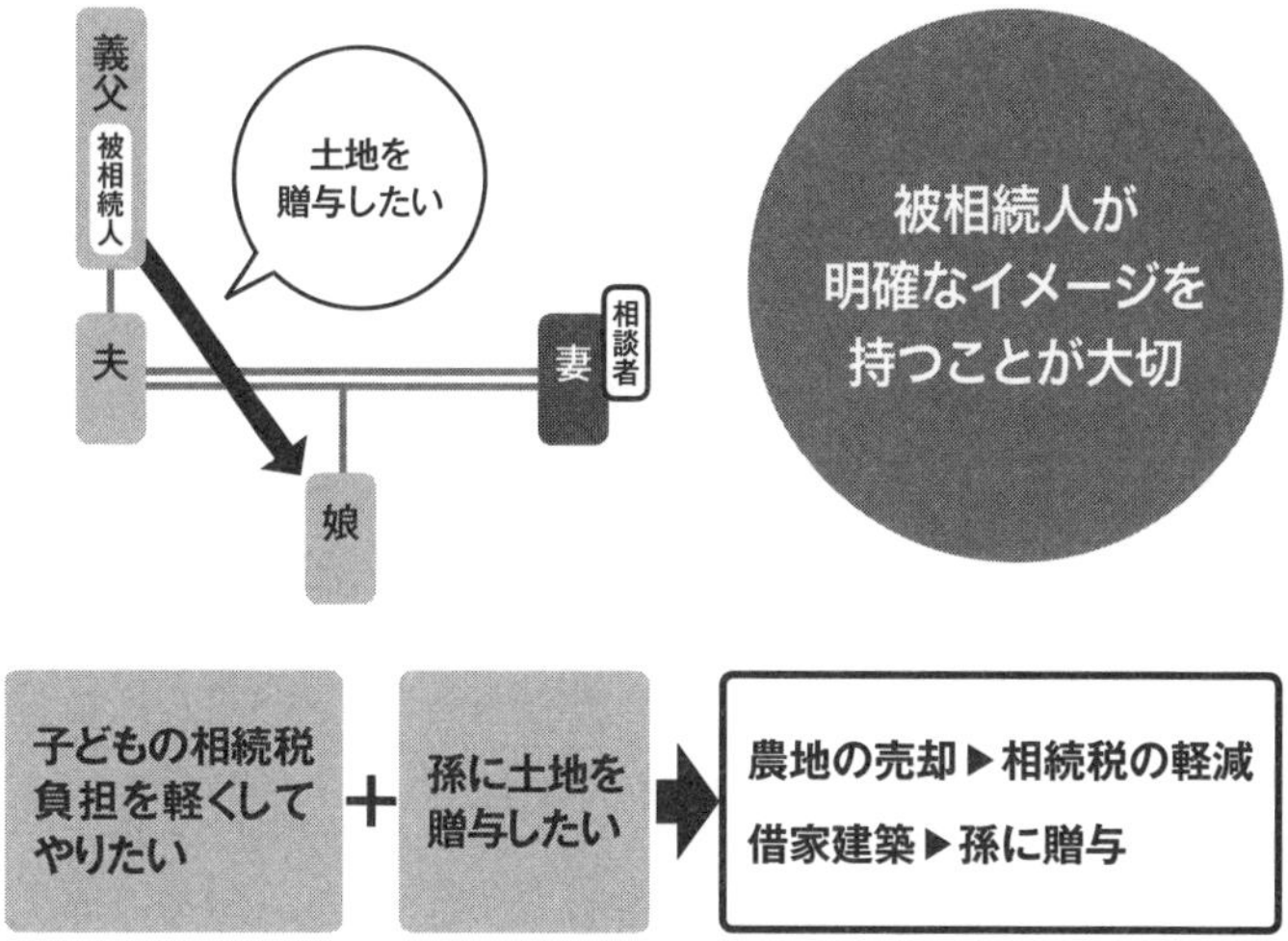

詳しいお話をお聞きするため、義父とつないでいただきました。その時の話から、土地の有効活用と孫（相談者の子ども）への贈与を考えておられることがわかりました。孫といっても、もう立派に成人しています。

義父の希望を実現するべく、当窓口では、「多数の土地のなかの農地（６００坪）を売却し、その資金で路線価の高い所有地に賃貸物件を建てる。その賃貸物件を孫に贈与する」相続対策として、このように提案をしました。

現在のままで、もし義父に何かあると、６００坪のその農地は相談者のご主人の相続財産になります。その前にいまのような相続対策を講じておけば、６００坪の農地はご主人の相続財産から外すことができます。

それでも多くの資産があるためにご主人に相続税は発生しますが、税額は大幅に軽減されます。孫には相続時精算課税制度＊における贈与税の非課税枠を使うことで、贈与税を回避することができます。

義父はこの提案に賛成し、そのとおりに実行されました。

「相続が目の前に迫っているような状況から、いろいろ気になっていました。税理士さんにも相談して税金の話は聞いていましたが、心配は晴れませんでした。今回、いいアドバイスがもらえて本当によかった。これからもよろしくお願いします」

相談者からは、こう感謝されました。

今回は被相続人である義父に相続に対する明確なイメージがあったことが、相続対策が成功したポイントであったと思います。相続対策は、子どもを無益な争いから守るために親ができる最後の仕事なのです。

＊相続時精算課税の制度とは、原則として60歳以上の父母または祖父母から、20歳以上の子または孫に対し、財産を贈与した場合において選択できる贈与税の制度です。贈与時には贈与財産に対する軽減された贈与税を支払い、相続時にその贈与財産とその他の相続財産を合計した価額を基に計算した相続税額から、すでに支払った贈与税額を精算します。この制度には2500万円の特別控除があり、同一の父母または祖父母からの贈与において限度額に達するまで何回でも控除することができ、2500万円までの贈与には贈与税がかからないことになります（ただし、贈与税の基礎控除（110万

円）の利用はできません）。

POINT

資産が多数ある場合、有効な相続対策にはいろいろな方法があります。生前贈与も一つの対策で、相続時精算課税制度も利用できます。ただし、生前贈与では「いつ贈与するか」も大切です。亡くなる時期に比較的近い3年以内の贈与は、相続税で計算し直すことになっているからです。

親戚に貸している父親名義の土地(底地)を、父親が生きているうちに親戚に売却したい

父親名義の実家の土地の隣に、親戚に貸している父親名義の土地があります。相続もそう遠くないと思われ、父親が生きているうちに親戚への底地の売却を考えていますが、何か問題はあるでしょうか？

被相続人の主な資産

自宅と土地

底地

相談者は女性（50代）で、次女です。母親はすでに他界し、父親は90歳を過ぎています。長女夫妻は父親と同居、相談者は別居しています。

父親と長女が同居している自宅の土地・建物は父親名義で、隣接する土地を親戚に貸しています。地代はもらっていません。

「父親が生きているうちに、親戚に貸している底地を親戚に売却したい」

長女は以前からこのように考えていたのですが、その底地は父親所有のため、父親の意思が必要です。同居している手前、自分からは父親に考えを伝えることができずにいました。助

けを求められた相談者も長女と同じ考えでした。

しかし、いざ父親に話そうと思うと、不安もあったそうです。そんな時に当窓口の相続勉強会を知り、参加をしました。

当窓口では、

「まずお父さまの思いをしっかりと聞くこと」

そして、

「そのうえで、お姉さんとあなたの考えを丁寧に説明すること」

をお伝えしました。

こういう話し合いでは、焦りは禁物です。1回の話し合いでまとめようとすると、相手が気分を害し、すべてがご破算になってしまうこともあります。

相談者は父親がすんなり同意すると思っていたようですが、話を切り出すと、父親は難色を示しました。父親とすれば、地代もなしにずっと貸しています。底地の買い取りを持ちかけると、話の展開次第では、親戚とギクシャクしないとも限りません。

借地人の親戚ともめたくない。できれば、さざ波すら立てたくない……。

これが父親の真意でした。

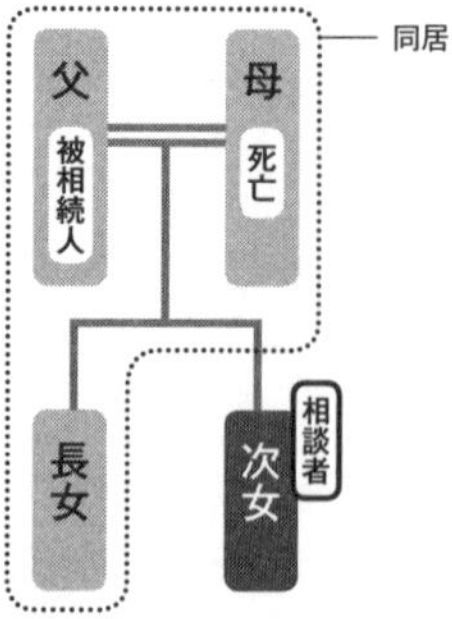

相続対策の話し合いに焦りは禁物

次女 ▶ 親戚に底地を売却したい

父 ▶ 親戚ともめたくない

▶ **親戚に土地を遺贈することで解決できた**

一度の話し合いではまとまりませんでした。相談者は何度も話し合いを重ねました。

そのなかで、相談者は「お父さんの気持ちはよくわかる」と何度もいったそうです。

「私たちももめたくない。もめたくないから、お願いしている」

「こういうことはお父さんが元気なうちにしかできない」

話し合いを重ねるうちに、父親は相談者の気持ちを汲み取ったようでした。

「現在、親戚が使っている土地部分は親戚に遺贈する。残りの土地は長女と次女（相談者）が相続し、自由にする」

最終的に、父親はこうした内容の遺言書を書いてくれました。

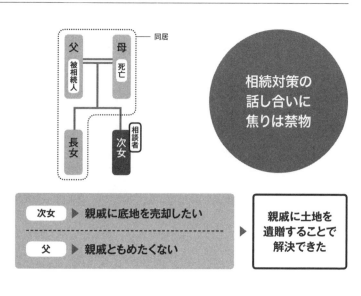

POINT

親の資産に広い土地がある場合、子どもは相続後が気になります。とはいえ、所有者である親の同意がなければ、自分がいくら「こうしたほうがいい」と思ってもそのとおりにはいきません。だからこそ、親と「なぜ、自分はそうした対策を考えたのか」を話し合う必要があるのです。

相続税を払うため、相続した農地を売却するつもりで銀行から借りたが、未だに農地は売れない

農地を相続し、相続税を払うために売却しようとしましたが間に合いませんでした。銀行から借りて相続税を払いましたが、未だにその土地は売れずに困っています。何かよい方法はないでしょうか？

被相続人の主な資産

自宅と土地

農地

相続が発生して相続税を支払うことになると、相続税の納付が大きな問題になります。相続税の納付は、被相続人が死亡した日の翌日から10ヵ月以内と決まっているからです。

この相談者に相続が発生したのは、約3年前のことでした。相続した農地を売却して相続税に充てようとしましたが、売却できませんでした。やむをえず、金融機関から借入を起こし、1900万円の相続税を納付していました。

相談者は農地の売却の相談で、当窓口を訪れました。

相続した不動産では、売却のタイミングというものがあります。申告期限から3年以内に

相続財産を譲渡した場合、取得費の特例がある

要件

イ	相続や遺贈により財産を取得した者
ロ	その財産を取得した人に相続税が課税されること
ハ	その財産を相続税の申告期限の翌日以後3年を経過する日までに譲渡していること

相続した財産を譲渡した場合、相続税は原価とみなされる。譲渡所得税には、こうした特例があります。つまり、譲渡所得税が安くなるわけです。

「まだ、特例に間に合います。売却して、借入金を返済したらどうですか？　よければ当窓口が買い取りますよ」

こう提案しました。相談者が相続した農地は開発分譲が可能な土地だったので、当窓口としてもメリットがある提案でした。この時点で、申告期限から2年半が経過しようとしていました。

相談者はこの提案に同意しました。当窓口がその農地を買い取り、宅地として開発分譲しています。借入金の返済ができ、相談者か

ら感謝の言葉をいただきました。

POINT

相続税支払いのために、相続した土地を売却したい……。こう考える方は少なくありませんが、すぐに売れない場合があります。しかし、申告期限から3年以内に売却できると、譲渡所得税が安くなる特例があります。

二次相続まで考えると、妻・子どもに資産をどう相続させればよいか？

あまり資金はありませんが、遊休地や貸地の有効活用を考えたいと思っています。有効活用ができたとして、二次相続まで見据えた場合、妻と子どもへの資産の最適分配比率はどうなるのでしょうか？

被相続人の主な資産

相談者は男性（70代）で、奥さんと子どもが2人います。

相談者の自宅土地は200坪ほどありますが、100坪ほどは自分で畑に使用していました。その他、遊休地が4ヵ所（合計で約400坪）、貸地が2ヵ所ありました。

遊休地や貸地の有効活用を考えたいという希望なので、借地人への底地売却と、得た代金での遊休地の土地活用を総合提案しました。

遊休地の土地活用については、当窓口が独自に作成したシミュレーションを実施しました。

その結果をもとに、遊休地には戸建賃貸の建築を提案しました。この方が所有する遊休地

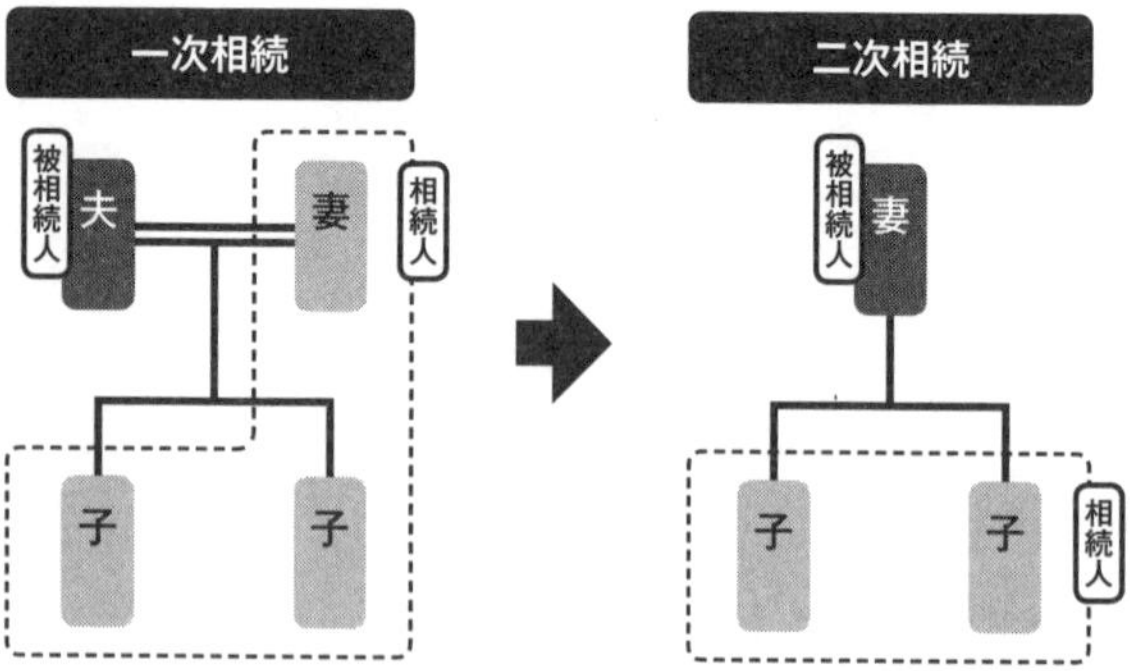

配偶者の税額の軽減だけで節税したと思わないこと。結局、二次相続で負担増になることも

には、いろいろなものがありました。対象にしたのは、遊休地のなかでも相続評価は高いものの、市場に出した時に価格の下がる2ヵ所の土地です。

その提案が受け入れられ、借地人への底地売却は2ヵ所とも終わりました。その売却代金を2ヵ所の遊休地活用の資金とし、戸建賃貸を2棟建てました。借入金は3000万円でした。

遊休地は、まだ2ヵ所残っています。まだ更地のままですが、何かの時のためにこの遊休地は残しておくことになりました。

次に、奥さんと子どもへの相続対策です。

配偶者には、「配偶者の税額軽減」があります。取得する遺産額が、法定相続分か1億6

000万円のどちらか高いほうを超えなければ、配偶者の相続税はゼロになります。

相談者の場合、一次相続で奥さんがすべて相続すれば相続税はかかりません。しかし、奥さんがすべて相続して亡くなった場合、二次相続でかかる相続税額は、奥さんと子どもで分配した時と比べて、最大で約880万円も変わってくることがわかりました。

奥さんの相続割合をどうするかでは、奥さんの年齢も大事です。奥さんがまだ若いのであれば、まずはすべて奥さんが相続しておいて、その後に節税するという計画もできます。

この方の奥さんは60代半ばでした。年齢も考え、さまざまなケースをシミュレーションしました。

その結果、相続対策では、配偶者の税額軽減で最も効率のよい方法を提案しました。その提案は、奥さんが相続する資産は40％弱、残りは2人の子どもが相続するものでした。相談者はその内容に同意され、遺言書を作成されました。

「相続はイメージとしてはわかっていたつもりだけれど、こうやって実際にシミュレーションをしてみて初めて理解することができた。やはり専門家に相談するのが一番よいですね」

遺言書の作成が完了した後、相談者がこういってくれました。とてもうれしい言葉でした。

POINT

どう分けるかは大事です。分け方を間違えると、節税にも失敗します。一次相続では「配偶者の税額軽減」に目を奪われがちになりますが、二次相続のこともしっかり考えるようにしなければなりません。

自宅兼工場・店舗が老朽化したが、祖父の代の遺産分割協議が終わっていない

父親の代での協議がまとまらず、自宅兼工場・店舗は未だに祖父名義のままです。事業経営が厳しく、建物も老朽化しており、父親の兄弟は廃業と不動産の売却を考えていますが、父親はそれに応じません。

被相続人の主な資産

自宅と土地
（工場・店舗も兼ねる）

駐車場

底地2ヵ所

相談者は、男性（40代）です。

父親（70代）の資産は、自宅兼工場・店舗と駐車場でした。これらは1筆の土地の中にすべてがある一体利用でしたが、老朽化が進んでいました。景観の問題から、近隣の迷惑にもなっていました。

この場所で事業を始めたのは、相談者の祖父でした。その祖父が急逝し、長男である父親が事業を引き継いでいました。

相続人は相談者の父親とその兄弟（4人）でしたが、この時はさまざまな要因から、遺産

遺産分割協議と名義変更

1	被相続人が亡くなった時から不動産は自動的に相続人の所有物になる
2	相続人が複数いる場合は、遺産分割協議で相続の方法を決める
3	それでまとまらない場合は、家庭裁判所で調停の手続きをし、解決策を提示してもらう
4	それでもまとまらない場合は、自動的に審判が開始され、裁判官によって分割方法が決定される

分割協議がまとまりませんでした。祖父の死後10年以上経過しても、依然として、すべてが祖父名義のままになっていました。

そうこうしているうちに、父親の事業も経営が厳しくなり、固定資産税を滞納する事態に……。このような苦しい状況のなか、相談者が当窓口を訪れました。

相談者の話をお聞きすると、税金の滞納は一刻を争う事態と判断しました。やはり資産の整理を急ぐ必要があると判断し、父親とその兄弟に話をうかがいました。

父親の兄弟は、こういいます。

「もう事業は止めて、不動産を売却したほうがいいのではないかと思う」

それに対して、父親は、

「死んだ親父が始めた事業だし、引き継いだ事業を残さなければ……」

経営環境の厳しさはわかりつつも、廃業にためらいがあるようでした。

話し合いと並行して、相続税の試算をしてみました。その結果、相続税はかからないことがわかりました。

事業を継続すると展望はどうなのか、廃業して土地を活用した場合と土地を売却した場合はどちらのほうがいいのか……。

市場調査も行い、こうしたところをすべて当窓口のシミュレーションを使い分析しました。その数字をもとに、事業の将来性と今後の処理について父親と相談しました。

「子ども（相談者）には継がせたくないし、ここで頑張っても未来は明るくない。いまが止めどきかもしれない」

各種データを見て父親が決心し、廃業と不動産を売却する方向で話が進みました。兄弟にも異論はありません。不動産を売却すれば、固定資産税を納めることもできます。

工場と店舗の名義を父親に変更し、売却代金の分割についても兄弟と調整して決めました。売却代金は1億2000万円でしたが、相談者は半分の6000万円。父親の4人の兄弟がそれぞれ1500万円となりました。

父親は売却代金で固定資産税を無事に納めることができました。事業継続の苦難からも解放されて、気持ちが楽になったと喜びの声をいただきました。

POINT

遺産分割協議がまとまらず、不動産名義はそのままというケースも多々あります。協議がまとまっても、名義登記の変更をしないケースもあります。時間の経過につれて権利関係がややこしくなるうえ、いざという時に処理できないこともあるので注意が必要です。

相続税納税資金も不足しているし、次男には自分の資産を渡したくない

子どもたちが納める相続税分の現金を、一部土地を売却するなどして用意しておこうと考えています。しかし、一方で、3人の子どものうち、次男には財産を渡したくありません。このような場合、どうするのが得策でしょうか？

相談者は男性（80代）です。奥さんはすでに他界し、子どもが3人います。資産は主に土地（2ヵ所の貸地）でしたが、相続税納税資金としての現金が不足しており、その相談で当窓口を訪れました。

納税資金の確保では、2ヵ所ある貸地のうちの1ヵ所は借地人が底地の取得を希望しているので、借地人への底地の売却を提案しました。こうすることで所得税と住民税の納税は発生しますが、その分だけ財産も減少するので、相続税は減少します。また、納税資金を確保することができます。

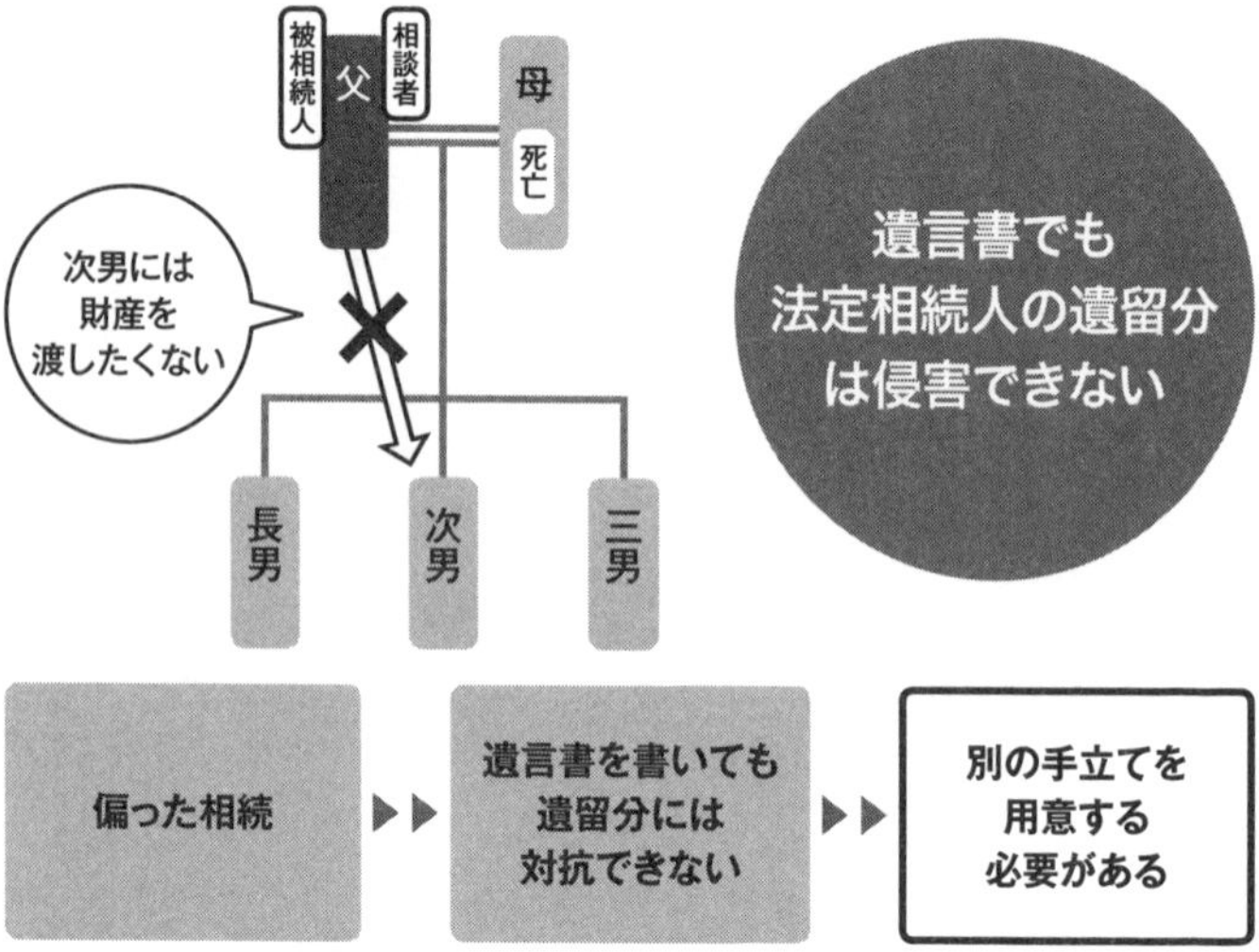

提案どおり、1ヵ所の底地を売却されました。もう1ヵ所は定期収入の確保のために、借地契約をそのまま継続することにしました。

財産相続に関して、相談者はこのような考えを持っていました。

「長男と三男には財産を残したいが、次男には渡したくない」

理由は、次男の経済観念に不安があったからです。ただし、次男にも法律で遺留分が認められています。こうした偏った相続を行うと、次男から遺留分減殺請求[*1]を起こされる可能性があります。

そうした可能性を伝えたうえで、相談者には生命保険の活用を提案しました。具体的には長男が受取人の生命保険に入り、次男から遺留分の求めがあった場合には、長男が受け取った保険金から、遺留分相当を現金で渡すという提案です。残りは、納税資金に充てられます。

「長男と三男には等分に財産を相続させ、次男には財産を相続させない。もし遺留分の話が出た時は、生命保険金から応分の現金を渡す」

作成した公正証書遺言*2には、自分の意思を明確に記載されました。

*1遺留分減殺請求とは、遺留分を侵害されている相続人が、遺留分を侵害している受遺者や受贈者に対してその侵害額を請求することです。侵害されている本人が請求しなければそのまま受遺者や受贈者に財産が譲渡されます。また、減殺の請求権は、遺留分権利者が、相続の開始及び減殺すべき贈与または遺贈があったことを知った時から一年間行使しない場合は、時効によって消滅します。相続開始の時から十年を経過した時も、請求権は消滅します。

*2公証役場の公証人に遺言書を作成してもらうのが公正証書遺言です。原本は公証役場で保管されるため、偽造、隠匿などの心配がなく、相続発生後に家庭裁判所での検認の手続きが必要ないので、相続手続きがすぐに着手できます。

POINT

○○には財産を渡さない……。そうした相続を行った場合、遺留分減殺請求を起こされるかもしれません。遺留分減殺請求は、相続トラブルの代表です。相続トラブルを回避する策の一つに、生命保険金の活用があります。

貸駐車場の共有名義解消を考えているが、分割以外の方法もあるの？

貸駐車場の土地が、自分と弟、それに亡くなった妹の子ども2人の共有名義になっています。その後、土地を分割して共有名義を解消することを考えています。その後、分割した土地で駐車場を続けた場合、子どもにしっかりとした収益を残すことはできるでしょうか？

被相続人の主な資産

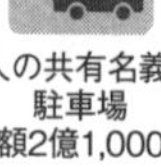

4人の共有名義の駐車場
（評価額2億1,000万円）

相談者は、女性（80代）です。ご主人は亡くなっており、子ども（1人）と同居しています。

この方は3人兄弟（長女・長男・次女）で、長女でした。近くに弟（80代）が住んでいますが、妹は、父親が亡くなる前に他県で亡くなっていました。

「貸駐車場に使っている共有名義の土地を分けたいけど、分け方を教えて欲しい」

これが、相談者のそもそもの依頼でした。土地の分け方、つまり「分筆」の相談です。

父親が亡くなった時の相続で、貸駐車場の土地が、相談者と弟、それに2人の姪（妹の娘で2

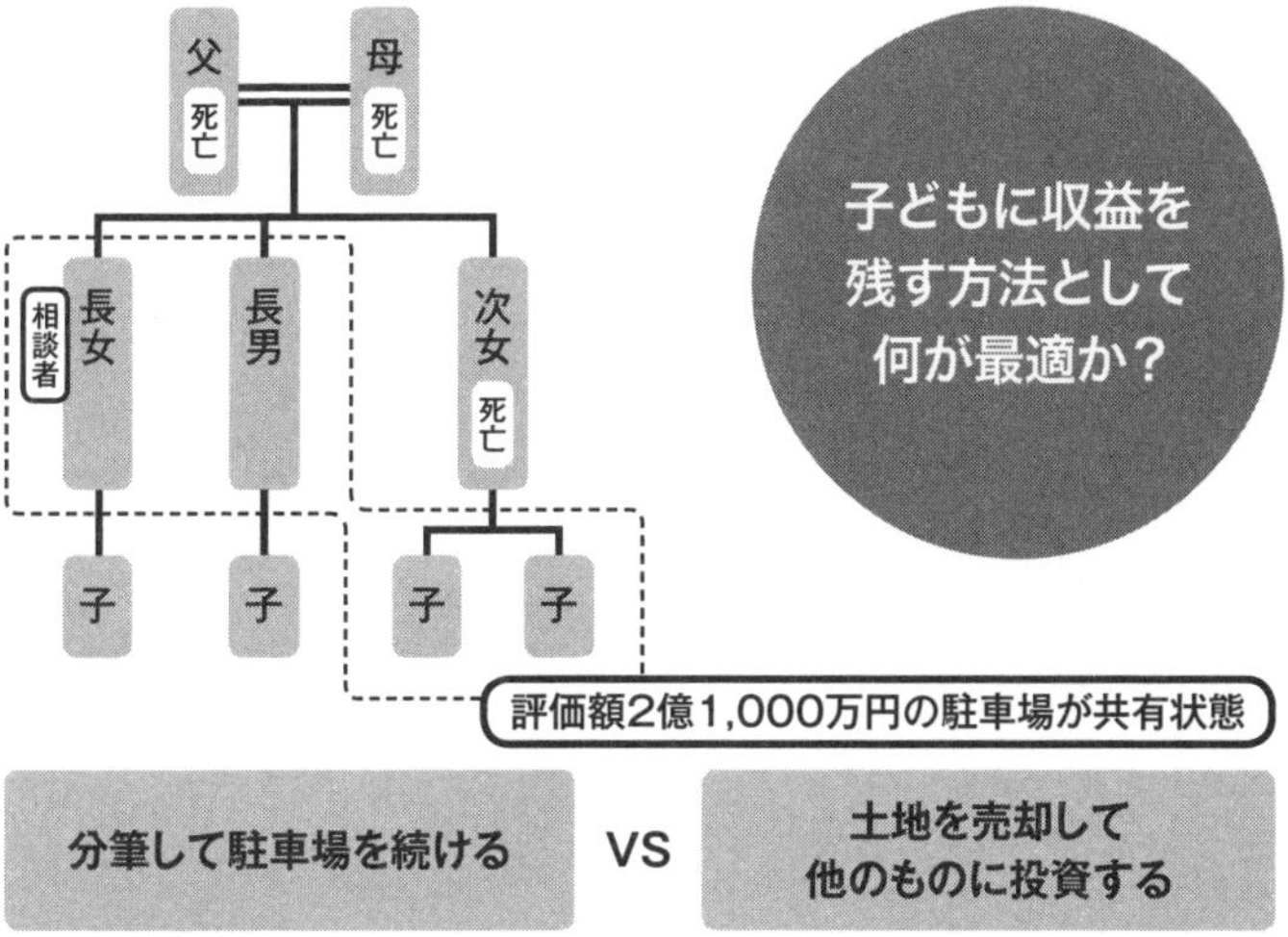

人とも40代）の共有名義になっていました。2人の姪が相続したのは、亡くなった妹の資産を相続（代襲相続*）したからです。

貸駐車場に使っている土地は、約300坪ありました。管理は、相談者と近くに住む弟の2人で行っています。

「土地を分けたあとも、これまでどおりに貸駐車場を続ける合意はできています。私・弟・2人の姪には、それぞれ1人ずつ子どもがいます。その子どもたちに、貸駐車場の収益を現金で残したいからです」

相談者のこの言葉を聞いて、次のようにお話ししました。

「次世代に貸駐車場の収益をお金で残す方法として、別の方法もあります。収益が下がっていない状況で貸駐車場の土地を売却し、得た収益を元に、有利な投資をする方法です。こうすることで、次世代に残す資産を増やすことも可能になります」

貸駐車場の土地は中心街のよい立地で、評価額は約2億1000万円です。

そこで貸駐車場を続けた場合や、売却して投資に回した場合など、いろいろなケースをシミュレーションしました。その結果を受けて相談され、皆さんが売却に賛成されました。売却も無事に終わり、次の投資に着手しています。

相談者からは、「駐車場を分割することばかり考えていましたが、売却してほかに投資する方法があったとは……相談してみて本当によかったと思います」

とのお言葉をいただきました。

＊相続の開始よりも前に相続人が死亡している場合に、その相続人の子どもが代わりに相続人となるという制度です。たとえば、子どもが被相続人である親よりも先に死亡している場合、孫が代襲相続人となります。

POINT

土地の共有名義の解消は、分筆して分けることだけが方法ではありません。将来を考え、売却して得た収入を違う収益源に投資することも一つの方法です。こういう時こそ、不動産の専門家の意見を参考にしていただきたいものです。

高齢の母親が土地を所有している。その土地を売却したいが、なかなか売れない

母親は、長く自宅の土地の一部を畑として、自身で使っていました。しかし、高齢となり畑仕事が体力的に難しくなったため、畑の部分だけを売却することにしました。ところが2年ほどしても売れません。何かよい方法はないでしょうか？

被相続人の主な資産

自宅と土地

相談者は男性（50代）で、3人兄弟の次男。3人とも実家を出て暮らしていますが、相談者の自宅は80代の母親が住む実家の近くにあります。

父親が亡くなった時、母親がすべてを相続していました。主な資産は自宅で、敷地は260坪ほど（うち120坪ほどが畑）です。固定資産税は、相談者が負担していました。

相続が発生しても、相続税は発生しません。相談は相続税を含む相続対策ではなく、実家の土地（畑部分）の売却でした。母親が畑仕事を続けることが難しくなり、この土地の売却を考えられたのでした。

実家の土地は区画整理地のなかにあり、立地は悪くありません。ただし、地域的にも土地が多く、分割して住宅地として売り出すには、広さを確保できないことがネックでした。

そこが魅力に欠ける点で、このままでは売却は難しいと判断されました。将来の円満な相続対策も考慮し、売らなくてもすむ方法を提案しました。

最初に、全体的な構想を提案しました。

①土地を6分割できるようにし、畑部分にまず3棟の戸建賃貸住宅を建築する。

②相続発生後、現在は母親が住んでいる母屋を取り壊し、その部分にやはり戸建賃貸住宅を3棟建築する。計6棟の戸建賃貸住宅を、3人兄弟でそれぞれ2棟ずつ所有する。

最初の3棟は、相談者が建築します。

相続が発生して建築する後の3棟のうち、1棟は長男が、2棟は三男が建築します。さらに、最初の3棟のうちの1棟を、長男が相談者から買い取ります。

こうすることで、兄弟3人がそれぞれ土地と2棟の戸建住宅を所有することになります。所有権にすると、その住宅に自分が住もうと、売却しようと自由にできます。

金融機関へは、戸建賃貸住宅の商品説明を十分に実施しました。しっかりしたシミュレーションと事業性を評価され、借入期間は30年（約3500万円の総事業費の借入）に設定す

相続対策を見越した2段階の提案

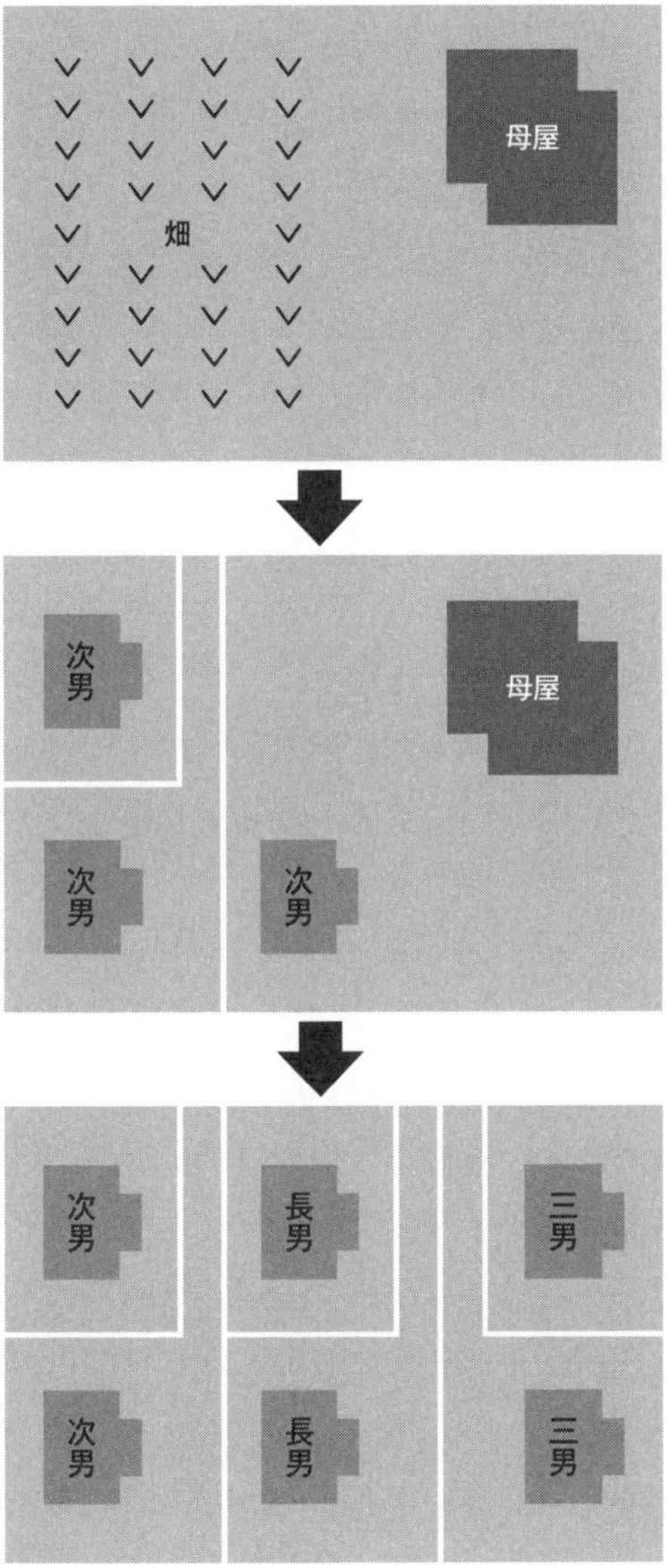

Before

260坪の土地。
荒地化して売れずに
困っている

After

将来の円満な
相続対策に
戸建賃貸3棟を提案

Future

相続発生後、
2棟ずつ
兄弟3人で分ける

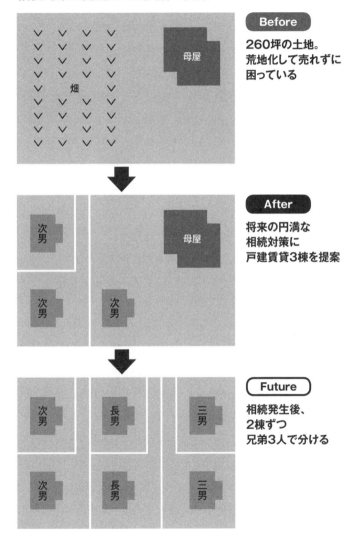

ることができました。
長男と三男もこの提案に納得され、母親にも喜んでいただきました。その後、提案どおり相談者が畑部分に3棟を建築されています。

POINT

相続は、時間軸で考えることも大切です。現在の状況だけで判断するのではなく、時間軸として相続が発生したあとも視野に入れると、よりよい展開案が見えてきたりするものです。

自分の全資産を長女夫婦に生前贈与したい。次女・三女への相続は考えていない

自分が持っている資産を、自分が生きているうちに生前贈与してきれいにしたい。長女と長女の夫（養子）へのすべての贈与を考えているが、他の相続人（次女・三女）ともめないための方法はあるか？

被相続人の主な資産

相談者の男性は80代ですが、毎日ジョギングするほど非常に元気です。ただ、奥さん（80代）は身体に不自由がありました。

相談者には、3人の子ども（長女・次女・三女）がいました。長女夫妻は相談者と同居し、相談者の奥さんの面倒を見ていました。次女と三女は結婚し、実家を離れています。

資産は、多数の土地（10筆）でした。トータルで5000㎡ほどありましたが、内容は宅地あり農地ありとさまざまです。

相談者は、長女夫婦（できれば長女のご主人）に全資産の生前贈与を希望されていました。

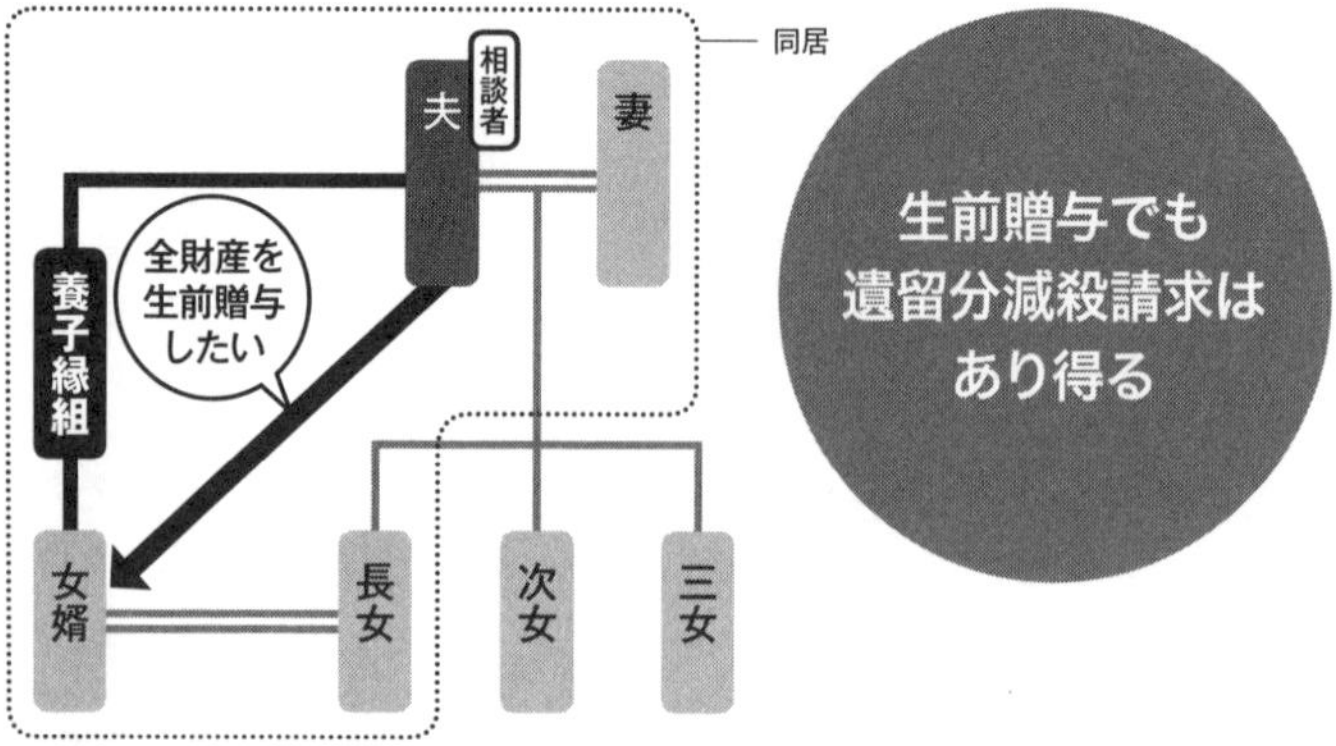

生前贈与の場合も、相続人の間で十分に話し合うことが必要

長女のご主人はサラリーマンでしたが、相談者と養子縁組をしていました。しかも、相談者と非常に仲がよかったのです。頭のなかには、家督相続*があったようです。

当窓口では生前贈与について、メリットとデメリットをご説明しました。相続による財産移転があることもお話ししました。

「相続は考えていない。とにかく、自分が生きているうちにきれいにしたい」

相談者にはこの強い希望があり、生前贈与の希望は変わりませんでした。

すべてを長女夫妻に生前贈与すると、次女と三女が不満を持つことも十分に考えられます。遺留分減殺請求もあり得ます。その点についてもお話ししましたが、やはり長女夫妻にすべてを贈与したいという気持ちは変わりません。

最終的に、その方の思いが重要です。ただし、後々のことを考えると、関係者（その他の相続人）に納得していただいたほうが無難です。ここのところをよくお話しし、相談者も理解されたようでした。

「次女と三女のことも考え、長女夫妻への全資産贈与は再検討する。その内容が固まったところで、3家族に集まっていただく。司法書士にも同席してもらい、当窓口からメリット・デメリットについて話をさせていただき、家族会議で決めていただく」

相談を重ねてこの方法を提案し、相談者にも納得していただきました。

しばらくして、「贈与分を決めた」と相談者から連絡が入りました。

長女夫妻への贈与分がいちばん多かったのですが、次女夫妻と三女夫妻への贈与分も考えられていました。やはり、トラブルは避けたかったのです。提案どおり3家族に集まっていただいて説明をし、家族会議で結論を出していただきました。

「お父さんのいうとおりでいいよ。その代わり、お姉さん夫婦は、これからもお父さんたちの面倒をきちんと見てください」

相談者（父親）の性格を知っているため、次女夫妻と三女夫妻も納得されました。その結果、相談者の意向はほぼ満たされることになりました。

＊家督相続制度とは、1898（明治31）年から1947（昭和22）年まで、旧民法下で認められていた制度。前戸主の身分や財産をすべて受け継ぐ権利を認められた家督相続人は、家の財産を守り、一族の面倒を見る立場にも立たされるため、とても強い権限を持っていました。長男が家督相続するのが大原則でしたが、長男以外に財産分与がなかったわけでもなく、二男や三男は婚姻時に分家と称して応分の生前贈与を受け、また他家へ嫁ぐ長女や二女に対しては嫁入り支度として応分の生前贈与がありました。

POINT

誰に贈与するかは、贈与する人の自由意志です。しかし、特定の親族に多額の財産が贈与された場合、他の親族の心中は穏やかではありません。贈与を行う前に理由を説明し、それなりの理解を得ておいたほうが無難です。

将来の相続で家族に負担をかけないため、共有名義を解消して権利関係をシンプルにしたい

父親の遺言で、農地が兄2人との複雑な共有名義になっています。相続で家族に負担をかけないため、いまのうちに共有名義を解消してシンプルな権利関係にしておきたい。

被相続人の主な資産

相談者は、3人兄弟の三男（60代）で、2人の子ども（長男・長女）がいます。

相談者は農業を営んでいましたが、かなりの資産（自宅、アパート1棟、農地多数）がありました。相続資産評価額の合計は、8380万円ほどでした。

相談のポイントは、父親の遺言にしたがった農地の共有名義でした。

「仲がいいから、共有名義にしておけば有効活用してくれるだろう」

これが、父親が共有名義にした理由でした。

共有名義といっても、相談者と長男との共有名義のもの、相談者と次男の共有名義のもの

2種類がありました。

長男と次男には家業の農業を継ぐ意思はなく、三男である相談者が農業を継ぐことが決まっていたようです。そうした背景が、三男を共有名義の中核にした理由と思われました。しかし、この判断が、災いを起こす種になりかけていたのでした。

「このまま自分が死ぬと、自分の子どもたちと共有名義の長男と次男の間で、さらに複雑な共有名義となり、管理するのも大変になってしまう。家族に負担をかけないため、共有名義を解消して権利関係をシンプルにしておきたい」

相談者のこの思いは当然です。

「とにかく、これまで仲のよい兄弟だったのですから、胸襟を開いて話し合ってください。これが問題解決の近道です」と伝えました。当窓口の担当者も同席し、不動産評価の概算をはじめ、幾つかは市街化区域内農地*であること、それを宅地等に転用した場合はどうか、贈与、あるいは売買取得による税負担はいくらくらいになるのかなどをご説明しました。

その後、3人の気持ちの整理もつきました。

結果として、次男からは土地の贈与を受ける了承を得ました。長男は離れた土地に自分の息子さんと同居しており、帰ってくる予定はありません。長男との話し合いでも、共有名義

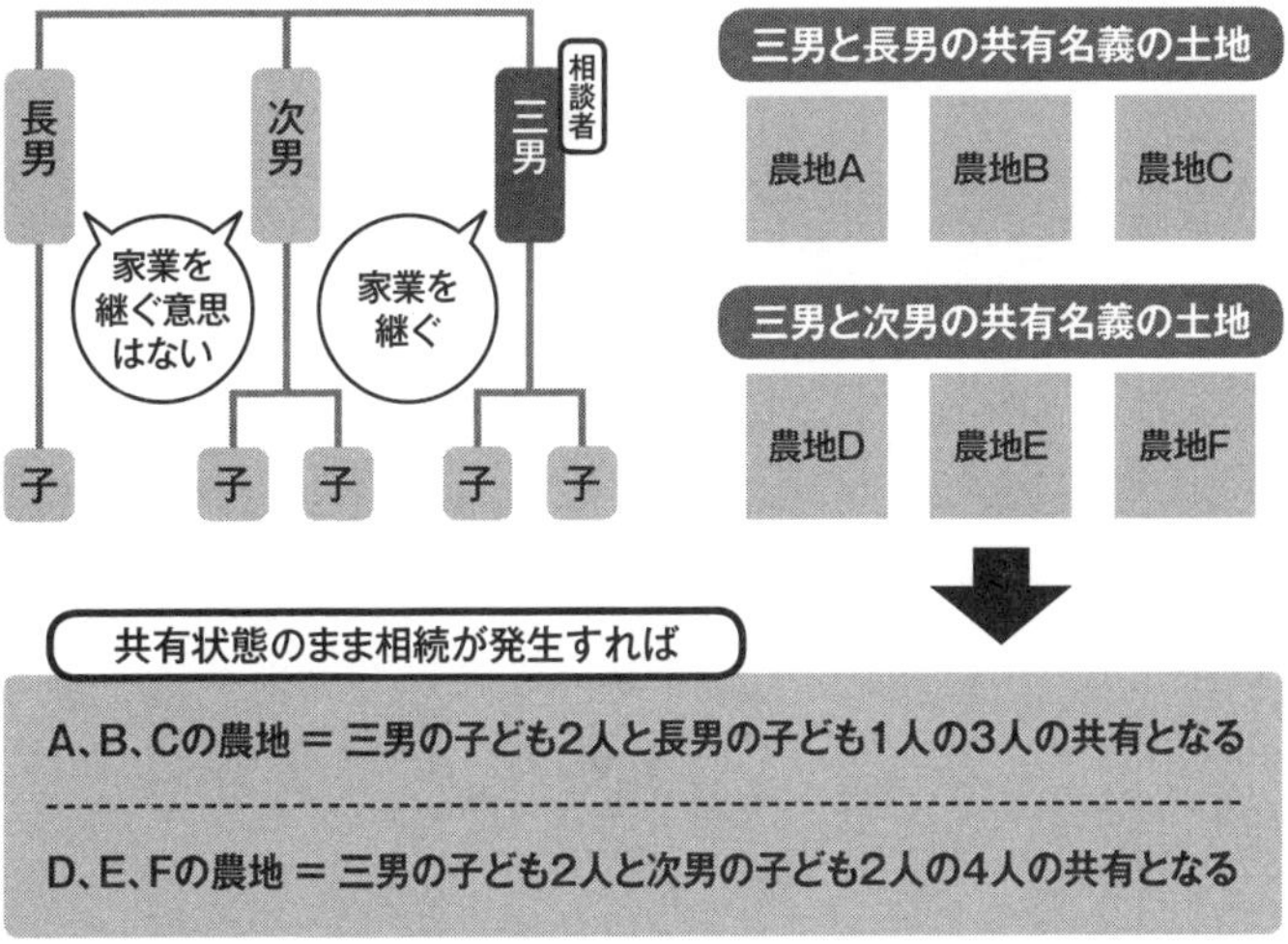

の解消については賛成が得られました。その解消法については、贈与と売買による税負担を比較した結果、親族間売買となりました。

これで名義を相談者1本にまとめることができました。

「ホッとしました。家族に相続の負担をかけることもなくなりました」

すべての手続きを終えた時、相談者の顔には満足と安堵の笑みが浮かんでいました。もちろん、自身の遺言書づくりにもさっそく取りかかりました。

＊都市計画法に基づいて都道府県知事が定める区域を都市計画区域といい、そのうち、すでに市街地を形成している区域と、概ね10年以内に優先的かつ計画的に市街化を図るべき区域のことを市街化区域といいます。市街化区域では、用途地域と道路、公園、下水道などの都市施設を都市計画で定め、ほとんどの地域で住宅を建てることができます。そ

の区域内にある農地も宅地に転用できます。

POINT

仲がいいから共有名義でも大丈夫。この考え方は危険です。共有名義にもメリットがないわけではありませんが、相続が起こると、共有名義は相続人間の大きな問題になります。権利関係がシンプルになっていれば、相続が発生しても家族の負担は少なくなります。

土地を均等に相続させたいが、細かく分筆されているうえ共有名義になっている

広い土地を持っているのですが、共有名義でかつ複数に分筆されています。共有名義を解消して3人の子ども（長男・次男・長女）に土地を均等に相続させたいと考えていますが、名義が複雑でどうすればよいのかわかりません。

被相続人の主な資産

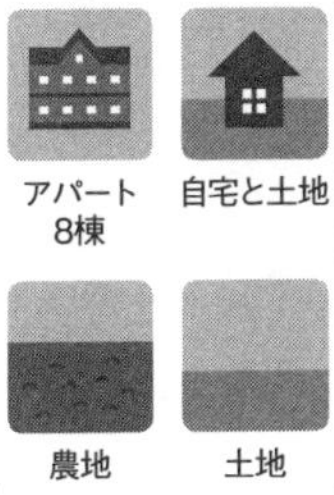

相談者は女性（60代）です。

相談者の資産は自宅、アパート連棟長屋8棟、複数の土地などです。相続人は、3人の子ども（長男、次男、長女）です。

相談者が困っていたポイントは、土地の共有名義の解消と分割方法でした。

「1200坪ほどの土地が分筆されていますが、共有名義になっている部分もあります。私が死んだあと、子ども3人がそれぞれ活用できるように共有名義を解消して相続させたいのですが、どうすればよいかわかりません」

相談者は、ちょっと困った表情でそういわれました。

調べると、1200坪ほどの広大な土地は宅地A～Eと農地に分筆されていました。そのうち、宅地A、B、Cは複数人の共有名義になっていました。

●宅地A（900㎡）……相談者名義が10%、残りは子ども3人の名義（それぞれ30%ずつ）
●宅地B（730㎡）……子ども3人の共有名義（根抵当権*の設定あり）
●宅地C（500㎡）……子ども3人の共有名義
●宅地D（400㎡）……相談者の名義
●宅地E（600㎡）……相談者の名義
●農地（雑種地、850㎡）……相談者の名義

相続発生時のことを考え、まず次のようなステップを提案しました。

①宅地A……相談者の持分を、3人に1／3ずつ贈与する
②宅地B……根抵当権を抹消する
③農地……市街地農地なので地目を宅地に変更する

ここまでやってから、次のプロセスになります。そのプロセスでは合筆や再分筆を行いますが、あまりに複雑なためにここでは省略します。その結果、子ども3人はまとまったほぼ

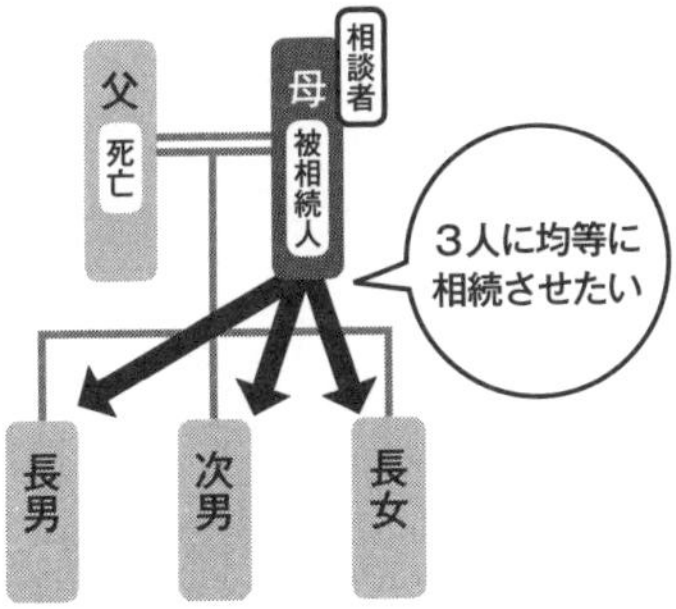

複雑な共有名義の解消は、不動産相続のプロの腕の見せどころ

相談前の状態

宅地A	宅地B 根抵当権の設定あり	宅地C	宅地D	宅地E	農地
相談者10% 長男30% 次男30% 長女30%	3人の共有	3人の共有	相談者名義	相談者名義	相談者名義

↓

当窓口の提案 ➡ **3人の持ち分を均等にする**

宅地A	宅地B 根抵当権をはずす	宅地C	宅地D	宅地E	~~農地~~ ↓ 宅地
長男1/3 次男1/3 長女1/3	3人の共有	3人の共有	相談者名義	相談者名義	相談者名義

↓

宅地D、E、農地（宅地に地目変更）は長男と次男に相続させる公正証書遺言を作成

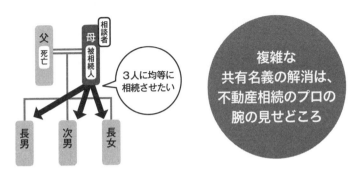

均等の土地を所有することができるようになります。

この段階では　宅地D、Eと農地（宅地に地目変更）が残されています。それらの土地は、相続発生時に長男と次男が相続するように公正証書遺言の作成を提案しました。

相談者も3人の子どももこれらの提案に同意され、相談者は提案に沿った公正証書遺言を作成されました。また、当窓口の紹介した弁護士法人を遺言執行者に選任しました。

＊あらかじめ貸し出す上限金額（極度額）を定め、その範囲内において何度でも借入ができるようにする際に用いられる担保物件を「根抵当権付き」といいます。借入金を完済すれば金融機関に抹消手続きに応じてもらうことができます。

POINT

不動産を均等に分割することは難しいものです。名義が複雑であったり、根抵当権がついていたりすると、さらに難しくなります。しかし、その難しい処理をしてくれるのが不動産相続のプロなのです。

体調に大きな不安があるうえ、資産が長男に偏っていて相続トラブルが心配

いろいろな病気で入退院を繰り返し、体調に不安があります。息子が2人いますが、現状は長男に不動産が偏っているので、相続になった時のトラブルが心配です。

相談者は女性（70代）です。ご主人はすでに他界し、独身の長男と同居しています。次男は、近くに奥さんと子どもとで住んでいます。

相談者の資産は自宅土地（370㎡ほど）と建物、4棟のアパート（用地合計は1000㎡ほど）です。現金も2000万円ほどありました。

自宅の土地・建物は相談者の名義ですが、4棟あるアパートの名義が複雑でした。土地と建物の名義が相談者と長男、相談者と次男、長男と次男など、とにかくバラバラでした。なかには共有名義になっているものもありました。

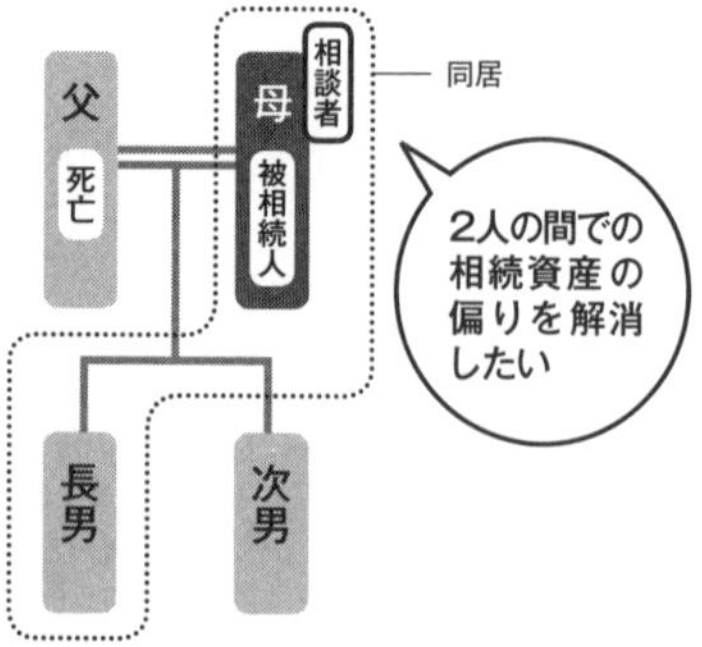

相続対策は時間との戦いでもある

被相続人（相談者）の体調不安が最大の懸念事項。緊急対策として、家族信託を結ぶ

それでもトータルで見ると、長男にかなり資産が偏っている傾向がありました。

そのままで相続が発生すると、不動産だけで相続税は約1億2000万円。相談者と共有名義分の土地と建物を、そのままそれぞれの兄弟が引き継ぐとすると、長男の負担は8000万円ほど、次男は4000万円ほどの試算になりました。

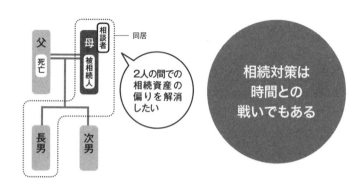

長男と次男では、それだけ資産の違いがあります。このままだと自宅とアパートの分割をめぐり、2人の間でトラブルが起こるかもしれません。

相続が起きても問題がないようにするためには、まず名義の整理からスタートすることです。しかし、名義を整理するにしても、いろいろなことはすぐにはできません。

何よりも、相談者の体調が最大の懸案でした。

認知症の徴候こそありませんでしたが、いろいろな病気で入退院を繰り返しています。いつ寝たきりになるかわからない状態です。

「緊急性の高いものからカバーするため、とりあえず不動産について家族信託を結んでおきましょう。財産のほうは、時間をかけて対策を講じていきましょう」

相談者には、こう提案しました。

実は、相談者は相続に不安を感じてセミナーに参加し、そのセミナーで家族信託の説明を聞いていました。相談者から子どもたちに声をかけて集まっていただき、家族信託の仕組みやメリットについて説明を行いました。

長男も次男も家族信託のメリットと必要性を理解され、相談者と長男・次男とで家族信託を結ばれました。現在、相談者とアパートの名義整理を行っています。

POINT

相続対策では、緊急性の高いものからカバーしていく必要があります。財産を残す人に健康上の不安（認知症や寝たきりの不安）があれば、不安が現実になった時の対策をまず講じるべきです。不動産の家族信託を結んでおくと、いざという時に大きな助けになってくれます。

親子でやる 相続対策

事例 23

自分に全資産を相続させる親の遺言書があるが、養子の妹ともめたくない

施設に入居している母親が「自分にすべてを相続させる」と遺言を書いていますが、養子になっている妹ともめたくありません。相続になった時、妹からクレームがつかないでしょうか？ トラブルを未然に防ぐ方法はないでしょうか？

被相続人の主な資産

自宅と土地

相談者は、男性（60代）です。父親は18年以上も前に他界していますが、相談者には養子の妹がいました。母親（90代）は認知症の気はなかったのですが、足腰の弱りから施設に入所していました。

母親の資産は、自宅の土地・建物です。母親の相続が発生すると、法定相続分は相談者と養子の妹が1／2ずつです。養子は、実子と同じ扱いを受けるからです。

「長男（相談者）にすべてを相続させる」と母親が遺言書を残していても、法定相続人は最低限の相続分（遺留分）が保証されています。相続が発生してからでは、遺留分が発生しま

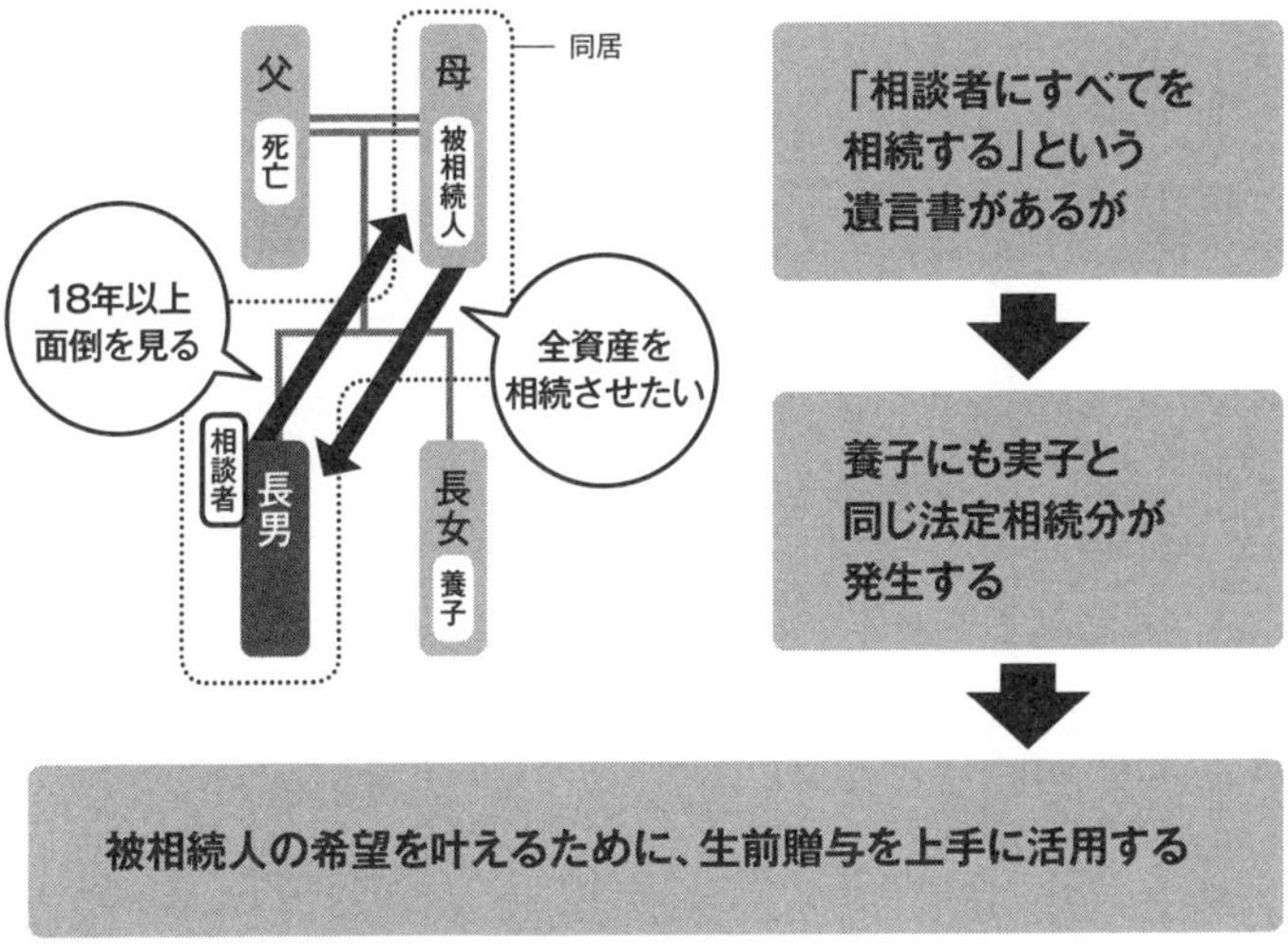

す。養子の妹が、遺留分減殺請求を起こす可能性は否定できません。

そこで、母親の資産を相談者へ贈与することを提案しました。

父親が他界してから相談者は母親と同居し、18年以上も面倒を見ていました。月12～13万円の母親の施設の費用なども、すべて出していました。母親から感謝の気持ちとしての贈与があっても違和感はありません。

相続は相続人の法律上の権利ですが、贈与はあくまで贈与者の気持ちを表現するもので、妹も贈与に反対することはできません。

「贈与税は相続時精算課税制度でクリアできます。ただ贈与は普通の売買とは異なるため、登記の登録免許税は2％と多少高くなります。

贈与税の申告は2月1日から受け付けてくれ、贈与税の申告書と相続時精算課税選択届出書を提出し、すぐに所有権移転登記ができます」

こうお話しすると、相談者は母親にも贈与の話をし、母親もこの提案に賛成されました。

権利書や固定資産税納付書など必要な書類は、すべて相談者が保存していました。3日後に必要書類を持って来社され、4日後には贈与契約書を作成しました。登記も終わり、自宅は相談者の100％所有になりました。

ただし、母親には贈与から1年以上しっかり長生きしてもらう必要があります。贈与から1年未満に亡くなると、遺留分減殺請求の対象となるのが原則だからです。

「まだ口は達者ですし、4～5年は大丈夫ですよ」

笑いながら、相談者はこういっていました。

POINT

遺言書（公正証書遺言）を作っておけば、完璧だと思っている人がいます。しかし、法定相続人には遺留分があります。なまじ公正証書遺言があるためにもめているケースが少なくありません。ここは、遺言で注意したいポイントになります。

高齢の祖母には、祖母名義の3棟のアパートがある。その相続対策と上手な遺産分割は？

1年ほど前、父親が急死しました。父親は祖母所有のアパート経営を仕切っていたため、今後のアパート経営が不安です。祖母も高齢で相続が心配ですし、母親が納める相続税の額も気になります。

被相続人の主な資産

自宅と土地

アパート3棟

遊休地

相談者は、女性（30代）です。

1年ほど前に父親が急死しましたが、母親（60代）は健在です。父親が急死する前に、相談者のご主人は相談者の親と養子縁組をしていました。

祖母（90歳）は健在で、自分名義のアパートを3棟所有しています。ただし、アパートの運営は急死した父親が一手に引き受けていました。祖母の資産であるアパートを守るにしても、相談者はアパート経営にまったくの素人です。

相談者には将来への不安があり、どうしたらよいのかわからず相談に見えています。今後

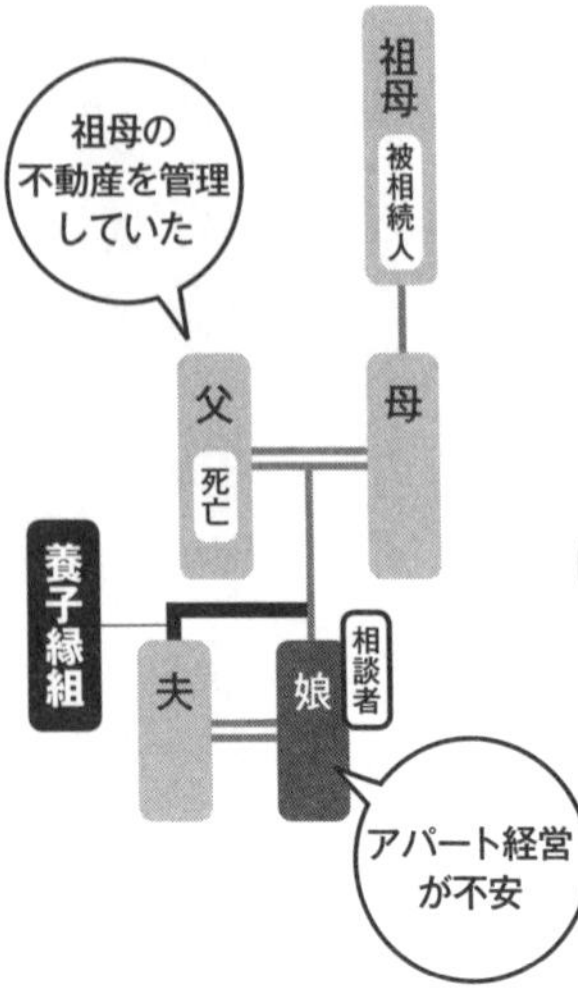

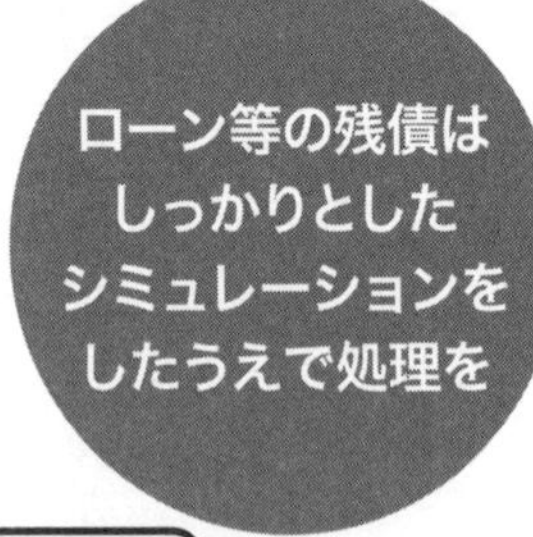

求められる対策

① アパートの経営対策
⇨将来的な収支シミュレーション

② 祖母の認知症対策⇨家族信託

③ 遺産分割対策
⇨次の相続を見据えた分割割合

について、次の3つの視点から検討を始めることを提案しました。

①アパート経営の対策について

アパート建設の借入金が1億4000万円ほどありましたが、半分は返済ずみです。返済は30年ローンを組んでいたため、ローン期間は14年残っています。対策として、家賃が低下傾向にあることから、今後のリフォーム費用などを含め、どの時点が採算点かをシミュレーションする……。

②祖母の相続対策について

祖母に相続が発生した場合、相続人は相談者の母親です。

話を聞いているうちに、祖母は他にも土地を所有していることがわかりました。

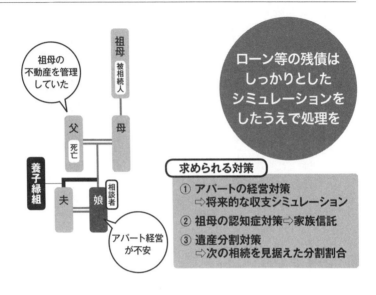

そこで、まずすべき対策は、祖母が元気なうちに母親との間で家族信託契約を結ぶことをお伝えしました。祖母が認知症になっても困らない準備と態勢を取る……。

母親が納めるべき相続税を計算すると、1億5000万円ほどになります。手持ちの現金はありませんが、土地売却などで払えない額ではないこともわかりました。

③その後の遺産分割の対策について

母親はまだ60代ですが、アパートのローンが終了する14年後には相続がないとはいえません。しかし、それまでには十分な時間と、打てる対策はいろいろとあります。たとえば、夫婦に子ができれば、節税メリットの大きい孫への生前贈与ができますし、教育資金贈与は1人につき1500万円までは非課税です。

このように資産を守るための対策をすべてテーブルの上に載せて検討する……。

この3つをお話ししましたところ、相談者は、こういわれました。

「アパートの経営も、祖母の相続も、将来のことも霧が晴れたようで、ほっとしました」

POINT

日本の相続では、不動産相続が圧倒的です。相続が発生してからだと、打つ手が限られてきてしまいます。不動産相続に少しでも不安があれば、多方面の不動産相続に明るい専門家に早めに相談することです。

高齢の母親が所有する土地が広大で、相続税がどれくらいになるかが心配

自宅の600坪の土地（貸駐車場と畑を含む）が、減額評価を受けられるかどうかで、相続税額が大幅に違うと聞きました。税額を圧縮したいと考えていますが、どうすればよいでしょうか？

被相続人の主な資産

相談者は、男性（70代）です。父親はすでに他界し、母親（90代）と奥さん（60代）の3人で実家に同居しています。

子どもは3人いましたが、3人とも実家を離れて居を構え、戻る予定はありません。相続を考え、相談者の奥さんも母親の養子になっていました。

母親に相続が発生した時、相談者夫妻が相続人であることはハッキリしています。

母親の資産は、600坪の土地（100坪ほどの自宅・200坪ほどの貸駐車場・300坪ほどの畑）でした。

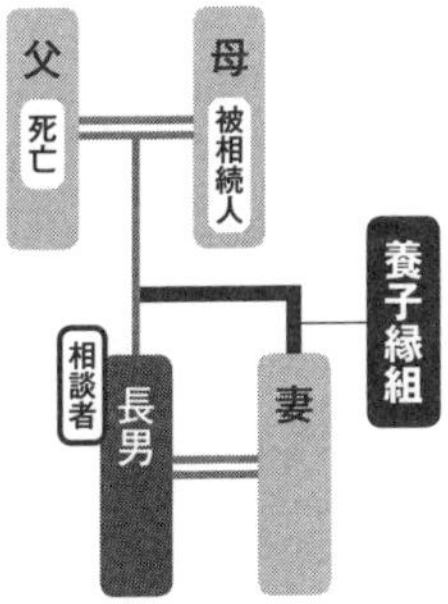

土地の有効活用で「富動産」を作り出す

自宅土地に賃貸住宅を建てたり駐車場を作る → 相続税評価を下げる ＋ 将来的に安定的な収入を生み出す

面積の大きな宅地は道路を通す必要があるなど、そのままでは使いにくいために減額評価を受けることができるのですが、それを受けるには、クリアしなければならない条件があります。まず不動産鑑定士に相談し、減額評価を受けられるかを調査しました。

2018年1月から、それまでの「広大地評価」は廃止されています。現在は「地積規模の大きな宅地の評価」*が新設され、補正率の計算が変更となっています。

その結果、評価を受けられる可能性が大きいとわかりましたが、確定ではありません。減額評価が受けられない場合のおおよその納税額も報告しました。

それからしばらくあと、母親が亡くなった

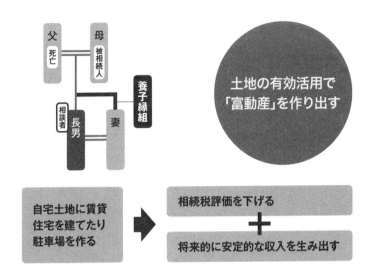

との連絡が入りました。税理士を通じて納税準備が始まり、申告。減額評価が認められて無事に納税できました。

その後、相談した大きな土地について、相談者自身の相続に着手することになりました。

①自宅土地にある畑に開発を入れて戸建賃貸住宅を建築し、将来的な売却にも備える

相談者の3人の子どもは、戻る予定がありません。相談者自身、畑はそろそろ年齢的に厳しくなっています。戸建賃貸住宅が建築できるように畑に開発を入れ、道路を入れて宅地に分筆できるようにする。

この提案は、二次相続も考え、将来的な売却もにらんでの提案でした。

②自宅土地にある畑をつぶし、貸駐車場を拡大する

この2つを提案したところ、まず②を行うことが決まりました。

それまでの駐車場はほぼ満車で、近隣での大規模分譲計画があり、需要が見込まれたからです。すぐに土地造成とアスファルト舗装駐車場を整備し、駐車場が拡大されました。

その後、①の提案にも賛成され、畑に開発を入れて宅地に分筆し、戸建賃貸住宅も建築されました。

＊「地積規模の大きな宅地の評価」とは、面積が広すぎることによる使い勝手の悪さを考慮した減額補正をいいます。これまでの「広大地の評価」は適用基準があいまいで、適用できるかどうかの判断が困難でした。「地積規模の大きな宅地の評価」では、適用できる宅地の条件が明確にされています。①三大都市圏では500㎡以上、②三大都市圏以外の地域では1000㎡以上であること。2018（平成30）年1月1日以降の相続から適用になっています。

POINT

「地積規模の大きな宅地の評価」が受けられるかどうか……。親が大きな宅地を所有していた場合、ここは相続税に大きく影響してきます。この評価が受けられれば相続税はかなり減額されるうえ、土地が広い分だけ相続後の有効な活用策もいろいろあります。

義母が亡くなると夫が唯一の相続人だが、義母と夫は絶縁状態で相続が不安

義母と、唯一の相続人である私の夫とは絶縁状態です。義母には資産が多数ありますが、夫の相続に反対しています。孫（私の子ども）への贈与と相続を考えているようですが、先行きどうなるのか不安です。

相談者は、女性（60代）です。義母が高齢（93歳）で、相談者のご主人は次男です。

義父が他界した時、相続については何もせず、義母がすべての財産を相続していました。その後、義兄（長男）が亡くなっています。

相続人となるのは相談者の夫（次男）のみで、相談者夫婦には子どもが3人います。義母と相談者は良好な関係にありますが、ある事情から、義母と相談者の夫は絶縁状態です。

義母の資産は、自宅の土地・建物と3棟の賃貸マンション、それに多数の土地（農地・山林）でした。

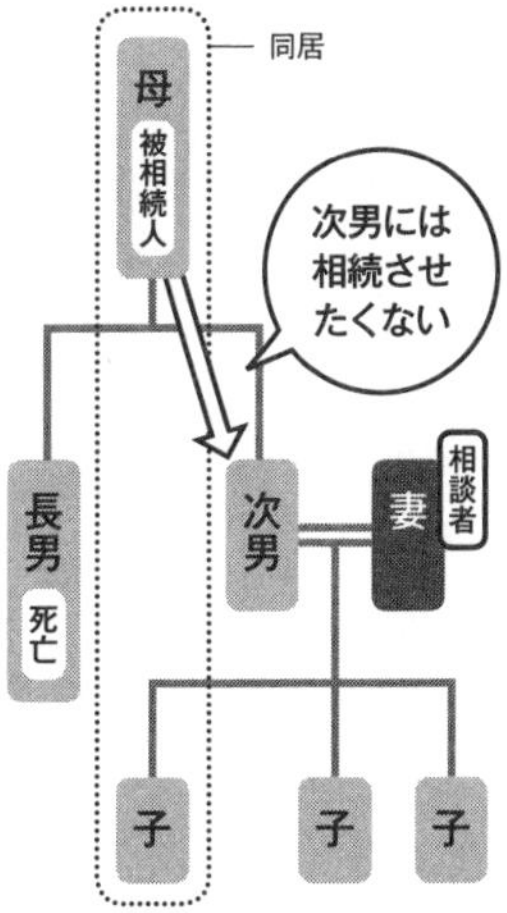

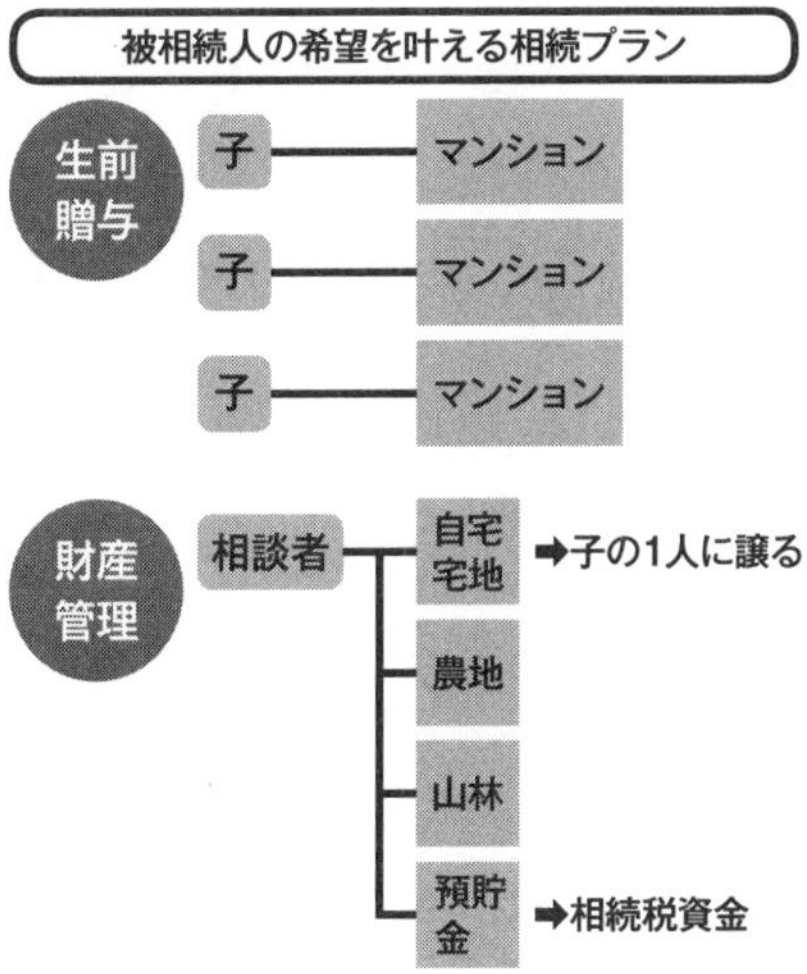

現在も資産のほとんどは義母名義で、相続税評価額は2億6000万円ほどになります。

しかし、マンション建設での残債が1億5000万円ほどあります。それを計算すると、相続税は1520万円ほどになりますが、その分の預金はあり、納付は問題ありません。

「相続が発生しても、次男には資産を相続させたくない。贈与できるものは、いまのうちに次男以外に贈与しておきたい」

相続税の心配はないにしても、これが義母の意向ということでした。

具体的には、3棟のマンションは孫（相談者の30代の子ども）に贈与し、管理も任せる。マンション以外の財産管理は、相談者に任せたいということでした。

農地は、知人に無償で耕作してもらっています。そのまま放置すると荒地になるからですが、資産価値はあまりありません。山林なども、資産価値はあまりありません。贈与の対象から外れています。

義母も、更地にすると300坪ほどのところに住んでいます。その土地・建物は、最終的には1人の孫に相続させる形を考えていました。

面倒を見るために、すでに意中の孫が一緒に住んでいます。その形であれば、相続が起きても相続税の申告期限（10ヵ月後）まで居住していれば小規模宅地の特例が受けられ、100坪分について80％の評価減が受けられます。

義母は、孫を養子にすることも考えていました。しかし、現状でも息子（次男）との関係が悪いのに、これ以上火に油を注ぐようなことは相談者としてもしたくはありません。

弁護士や司法書士を交えて相談し、とりあえずその話はストップしてもらいました。

現在、贈与と相続をにらみながら、少しずつ財産整理を進めています。

POINT

この相続人には、相続で資産を分けたくない……。資産を残す人にしてみれば、そう思うようなケースもあるでしょう。そこで、ほとんどの資産を、分けたくない人以外に生前贈与することを考える人も出てきます。このような場合、当事者同士での解決は無理です。第三者となる専門家を交えて協議するのが妥当な進め方でしょう。

転居したため、相続した土地が必要なくなった。その土地を売りたいが、なかなか売れない

父親から、長年住んだ実家の土地・建物を相続しました。息子と同居することになってそこから転居することになりましたが、住まない土地の固定資産税を払い続けるのもイヤです。できれば、その土地を売却してしまいたい。

被相続人の主な資産

自宅と土地

相談者は、男性（60代）です。

相談者家族は、代々受け継いできた土地にずっと住んでいました。父親が亡くなり、相談者は、その土地・建物を父親から相続していました。

相談者とすれば代々の土地ですから、そこに住みたい希望がありましたが、離れて暮らしている子どもたちは、そこに帰るつもりは毛頭なく、話し合いの結果、違う場所に子どもと同居することに決まっていました。

しかし、相続した土地は200坪ほどあり、年間の固定資産税がそれなりにかかってきま

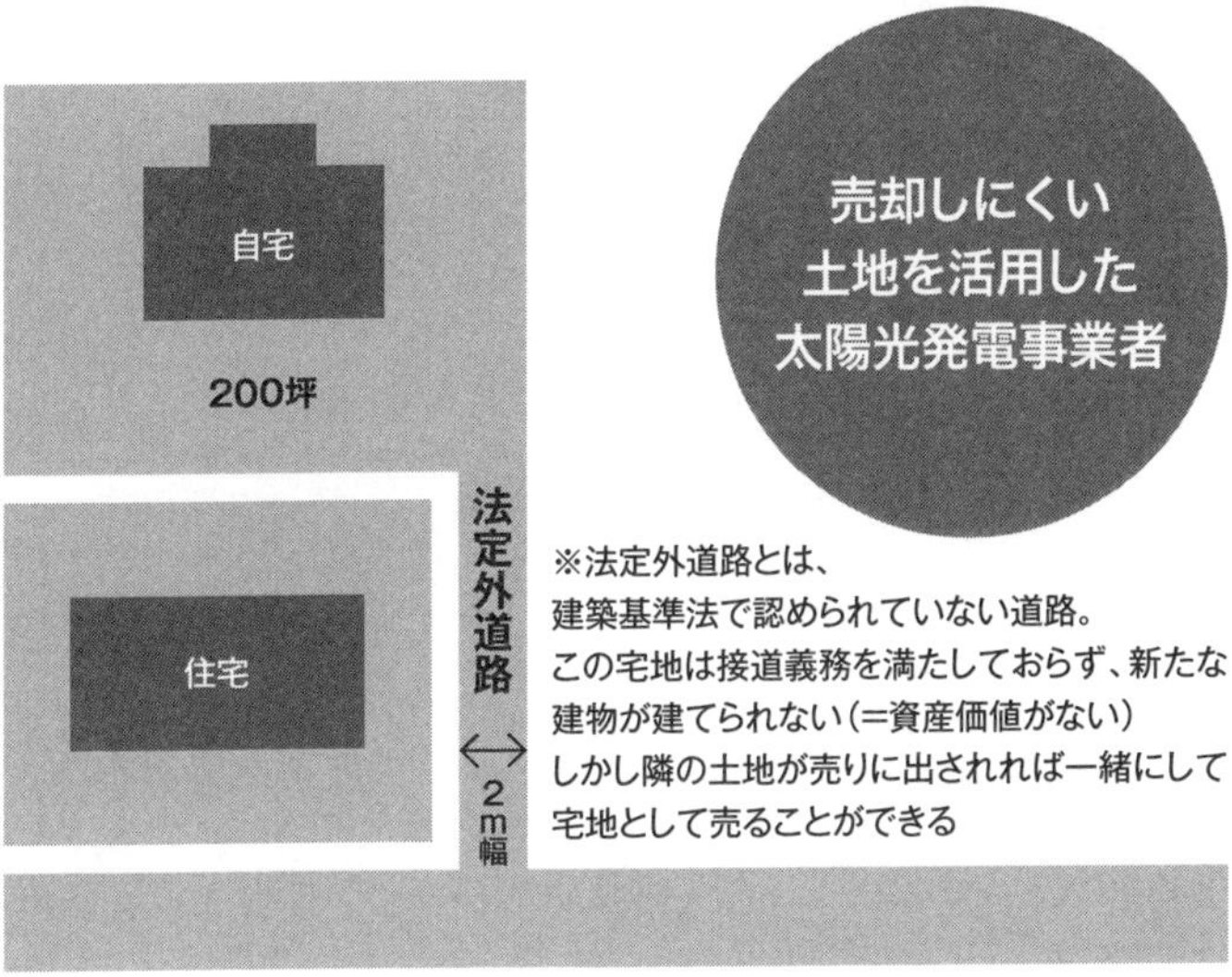
売却しにくい
土地を活用した
太陽光発電事業者
自宅
200坪
住宅
法定外道路
2m幅
※法定外道路とは、
建築基準法で認められていない道路。
この宅地は接道義務を満たしておらず、新たな
建物が建てられない（=資産価値がない）
しかし隣の土地が売りに出されれば一緒にして
宅地として売ることができる

す。使わないのにこのまま固定資産税を払い続けるのはイヤということで、売却を考えて当窓口に相談に来られたのでした。

調べてみると、その土地は新しい所有者が家を建てる許可を得るのは難しい状況でした。というのも、道路幅が2メートル程度の法定外道路としかつながっていない土地だったからです。

当窓口で、宅地としての活用が難しい土地を何とか売却する方法はないかと探していたところ、たまたま太陽光発電の事業者がこの地域でビジネスを開始していました。

声をかけてみると、その事業者がこの土地に興味を持ちました。というのも、この土地の隣には住宅が建っています。将来的に隣が空き家になって売りに出される可能性が高いと見たのでしょう。

太陽光発電用に土地を購入し、将来、事業撤退となった場合でも、隣家が売りに出されれば、道路もつけられる。資産価値が上がり、宅地としての売却も可能になる……。

相談者は、売れずに困っていた土地をようやく手放すことができました。

「おかげさまで、ほっとしましたよ」とおっしゃってくださいました。

POINT

「この土地は売れない」と思っていても、条件によっては売れることがあります。そのチャンスをつかむのも、情報を持った地元の不動産会社の役割です。

義母が認知症になったら、所有する不動産の管理・処分はどうなるのか？

義母の資産は、自宅（土地・建物）と企業に貸している収益用土地です。高齢の義母には、認知症の不安があります。もし認知症になったら、義母所有の資産管理や処分はどうなるのでしょうか？

被相続人の主な資産

自宅と土地

底地

相談者は、女性（60代）です。

ご主人と2人の子どもとの4人暮らしで、自宅は義母の家の近くにあります。義父はすでに他界し、義母（90代）は自宅（土地・建物）と収益用土地を所有していました。

一人暮らしの義母が心配な相談者は、頻繁に義母宅を訪ねています。今後の心配のタネは認知症で、義母はすでに記憶が危なっかしくなってきていました。

もし認知症になったら、義母所有の不動産の管理・処分はどうなるのか……。

ここが大きな心配で、相談に見えたのでした。

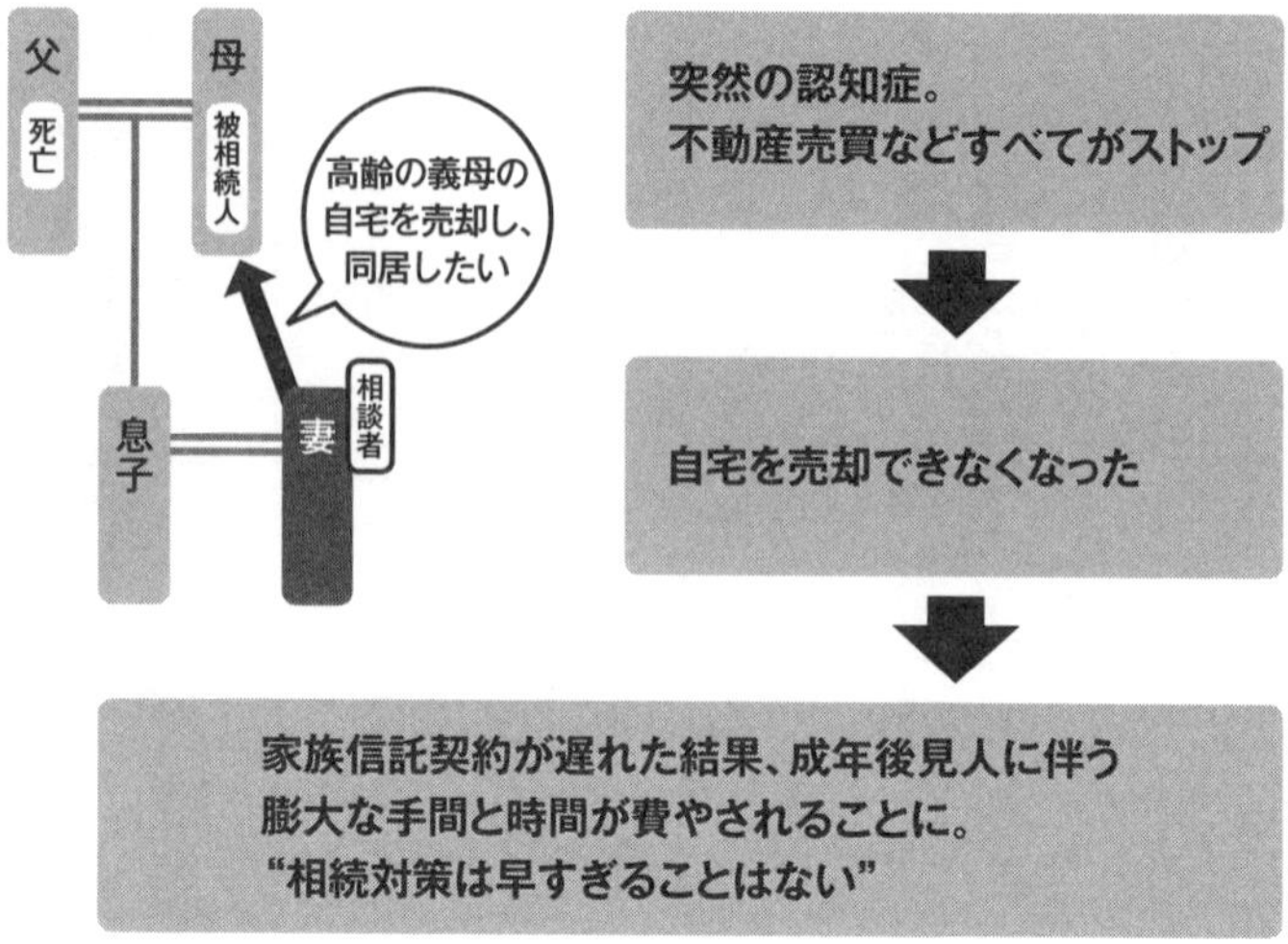

収益用の土地は地元の企業に貸していて、この借地貸借はそのまま契約を継続したいとのことでしたので、実質的には義母所有の自宅の土地・建物に関しての相談になります。

「認知症になると、資産凍結の不安があります。所有者が認知症になって売却の意思表示ができなくなると、その瞬間からその方が亡くなるまで、財産の処分はいっさいできなくなってしまいます」

こう説明すると、相談者はご主人と相談したようです。

衰えが進む義母を一人にしておけないと考えた相談者は、義母に所有する自宅を売却し、自分たちと同居することを提案しました。一人暮らしに心細くなっていた義母も、この提案に賛成してくれました。

記憶が危なくなってきてはいたものの、まだしばらく認知症の心配はないと思われていました。それでもいつ発症するかわからないため、自宅不動産の買主探しは急がれました。

しかし、不安が的中してしまいました。買主が見つかったものの、まだ売買契約を結ばない時点で、義母は認知症らしき症状を発症してしまったのです。

家族信託を結んでいれば対応できましたが、結んでいませんでした。このため、売却話は一時ストップにし、相談者、購入希望者と協議のうえ、今後の進行予定を組みました。

相談者は、とりあえず義母を自宅に引き取って介護を始め、その後、落ち着いたところで医師の診断や弁護士監修のもと、相続予定者（相談者のご主人）と購入希望者の間で交渉が持たれました。最終的に、条件つきでしたが、相談者のご主人が購入希望者と売買契約を結ぶことができました。義母は、現在も相談者宅で介護を受けて生活しています。

この事例では、家族信託を結ぶ時期を逸してしまったことから、その後の展開がかなりの制約を受けました。成年後見人（この場合、弁護士）が必要になり、その費用も今後、相続が発生するまで続きます。時間と手間もかかりました。相談者も大変な思いをされました。

「相続対策は、早すぎることはない」。この鉄則を改めて思った事案でした。

POINT

がんと並び、認知症は現代の大きな問題です。「記憶が危なくなってきたかも……」と思ったら、自分のためにも、家族のためにも、家族信託を結んでおくと安心です。もちろん相続も、スムーズです。

母親が借地権付建物を貸している。建物が倒壊寸前なのに、借地人が立ち退かない

借地人が80代後半で、軽度の認知症を発症しています。退去してもらいたいのですが、交渉がうまく進みません。さらに建物の半分が倒壊のおそれもあり対応には急を要しますが、自分ではどう対応していいのかわかりません。

被相続人の主な資産

貸家

相談者は、女性（70代）です。母親とは別にご主人や子どもさんと暮らしています。母親は借地権付建物を貸していましたが、その建物に問題の借地人が居住していたのです。建物の半分に倒壊のおそれがあるため、対策が急務でした。

成年後見人を設定し、借地人の退去と新しい住居の確保を行う。そのうえで、建物を解体し借地契約を終了する……。

当初は、この予定で進むはずでした。

しかし、交渉を開始すると借地人は「私は、ここで死にたい」と繰り返し、交渉は暗礁に

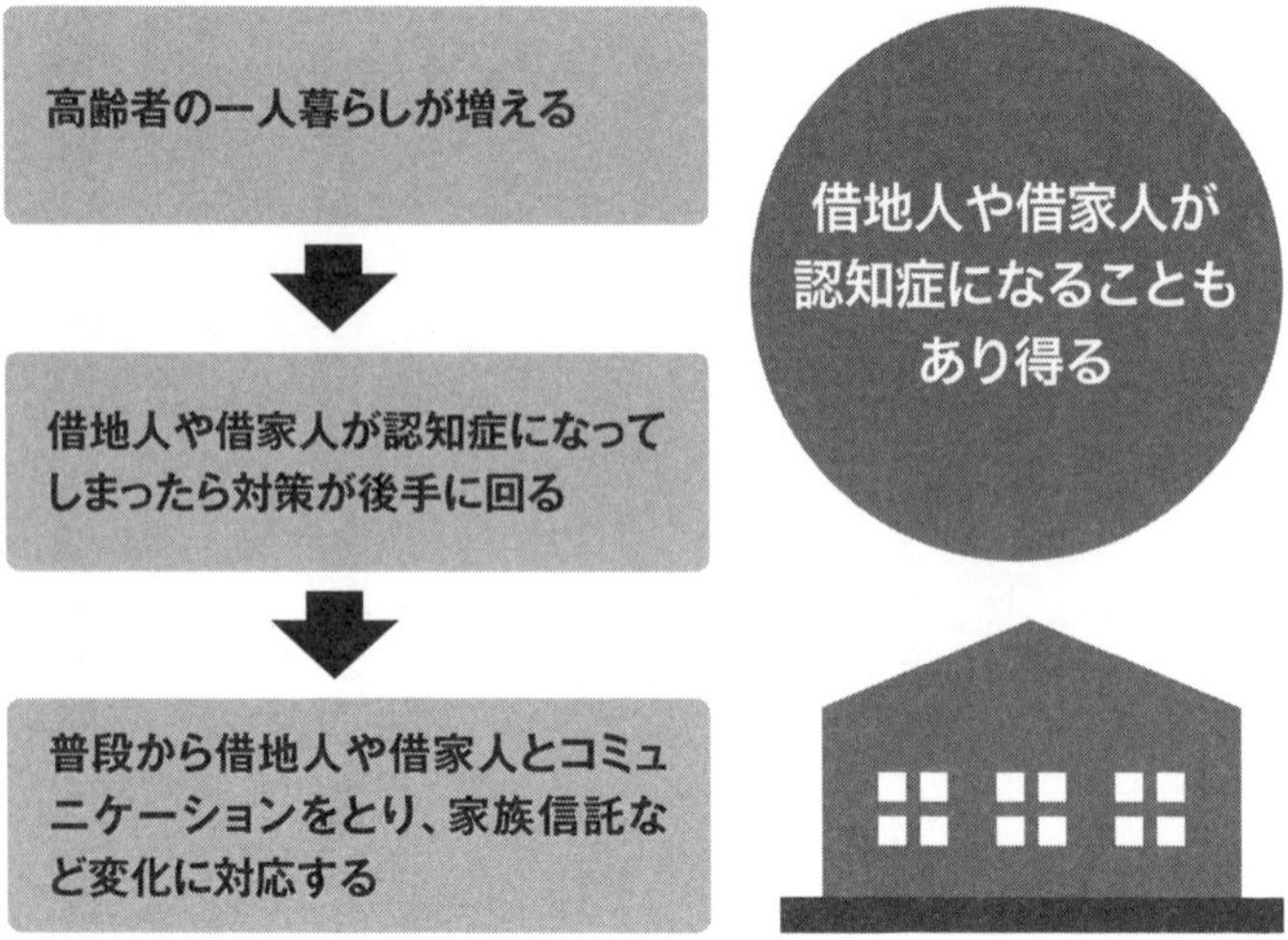
高齢者の一人暮らしが増える
借地人や借家人が認知症になってしまったら対策が後手に回る
普段から借地人や借家人とコミュニケーションをとり、家族信託など変化に対応する
借地人や借家人が認知症になることもあり得る

乗り上げてしまいました。

借地人の家族を探したところ、長野県のほうに息子がいることが判明しました。連絡をし、相談者からも「会って相談したい」むねの手紙を送っていただきました。

何回も面会し、話し合いを続けました。その結果、息子の責任で特別養護老人ホームに入居させることになりました。

ただ、借地人は軽度の認知症ということもあり、入居先はそう簡単には見つかりません。入居先が決まるまでの間、借地契約は継続することになりました。

数ヵ月かかりましたが、特別養護老人ホームの入居先が決まりました。

入居手続もすみ、生活保護受給申請も終わ

りました。借地契約を終了し、貸地を取り戻すことになりました。借地権を設定した際の権利金については、建物の解体・整地費用に充てることで、借地人の息子は請求しないことも決まりました。

土地の移転登記には、所有者である母親の意思確認が必要です。しかし話がまとまって移転登記を行おうとした矢先、相談者の母親は急逝してしまいました。

母親の死亡により相談者に相続が発生し、当窓口では手続きの進め方についてもアドバイスを行いました。底地の名義を相談者に変更し、移転登記も終わらせることができ、処理は無事に終了しました。

貸借契約についても、先の約束どおり、借地権の買い戻し額と解体・整地費用を相殺して終了しています。

POINT

借地権付建物に住む借地人にも、認知症を発症する人はいます。建物も老朽化します。土地を貸している側としてできるのは、借地人の変化をいち早く見極め、対処することしかありません。場合によっては成年後見人を設定して対応することになりますが、予想もしなかった問題が勃発することもありえます。

お金の使い方については遺言書に――。そういって兄は亡くなったが、遺言書がなかった

兄はかなりの資産家でしたが、未婚で子どもはいません。亡くなる前に兄の預金を使って面倒を見て、兄の定期預金を遺言信託でもらっています。他の相続人が自分の権利を主張したら、どうなるのでしょうか？

被相続人の主な資産

自宅と土地

預貯金3,000万円

株式1,000万円相当

相談者は、女性（70代・長女）で娘が1人います。父母はすでに亡くなり、兄弟は4人（長男・長女・次男・三男）です。

高齢になった長男（80代）は病気で、近くに住む相談者が身のまわりの世話にいっていました。ある日のこと、いつものように家にいったところ、倒れている長男を発見しました。すぐに病院に運びましたが、そこで余命半年を宣告されてしまいました。

自宅の土地・建物、3000万円の定期預金、1000万円相当の株式……。長男はこうした資産を持つ資産家でしたが、未婚で子どもがいませんでした。

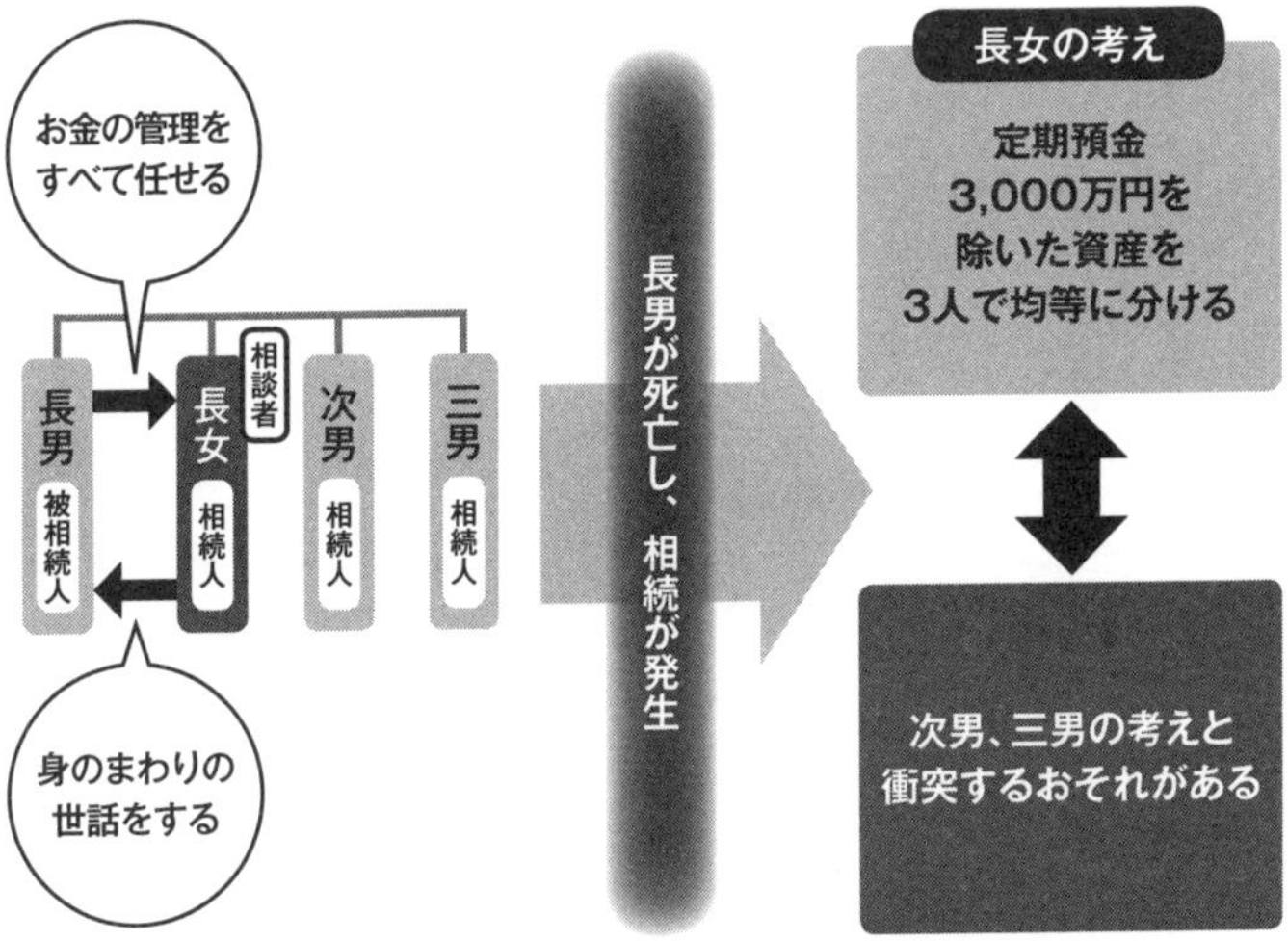

「入院中は、預金を下ろして医療費などに使っていい」

「弟たち（次男や三男）が見舞いにきた時など、旅費を出してやってくれ」

「お前の娘にも、必要なお金を使っていいから……」

入院した長男から、相談者はいわれていました。その言葉もあり、そのたびに相談者は長男の銀行口座からお金を引き出して使っていました。

それからしばらくして長男は認知症を発症し、その半年後に亡くなります。

相談者が長男の預金をいくら下ろし、どう使ったのか……。

いまのような経緯から、ここはまったくわ

からなくなっていました。

お金に関し、もう一つ不安がありました。それは、3000万円の定期預金です。

その定期預金は、長男が認知症の認定を受けるかどうかのタイミングで、銀行に信託されており、長男に万一のことがあった場合の受取人として相談者が指定されていました。その契約のとおり、長男の死亡で、相談者はその3000万円を受け取っています。

相談者はいいます。

「これは、兄が面倒を見た自分にくれたものだから、自分のもの。残った土地と現金と株式を均等に分けるのなら納得できる」

ところが同じく相続人である次男と三男は、

「3000万円を含めた総資産を3等分にすべきじゃないのか」

こう主張するかもしれません。当窓口では、もめないことを第一に考えるべきだと伝えました。

「お金の使い方については、遺言書で残しておくと兄はいっていました」

相談者はこのようにいいますが、遺言書はありませんでした。

相続税は、まず間違いなくかかります。現在は税理士とも相談し、遺産総額や相談者が引き出した総額、それに相続税を把握するために財産関係をまとめている段階です。相談者には、そのデータで次男と三男と話をしてもらうことになっています。「思いの込められた遺言書が残されていたら」ということを強く感じた事案でした。

POINT

遺言は、亡くなった人の意思を示す重要な証拠です。親の資産だけでなく、兄弟の資産でも、相続問題は起こります。亡くなったあと、自分の資産をめぐってのゴタゴタを避けたいのなら、遺言書を作成しておくことです。

あなたの町の

信頼できる

不動産相続の専門家

～気になることがあったら、気軽に相談してみよう！～

【編集部より読者の皆様へ】
この情報は2018年10月現在のものです。ここに掲載されている不動産相続の専門家についてのお問い合わせは、不動産相続の相談窓口本部 TEL0120-231-213までお願いします。

社名	住所／電話番号／HP
北海道	
株式会社アスペックコーポレーション	〒065-0032　札幌市東区北32条東18-6-10 011-783-6060 http://www.aspec.co.jp/
株式会社ジョンソンホームズ	〒060-0042　札幌市中央区大通西4-1 道銀ビル10F HK・イノベーションプラザ内　011-222-5558 https://www.souzoku-jh.jp
スミタス資産運用株式会社	〒064-0953　札幌市中央区宮の森3条1-4-1 スミタスビル3F 011-622-3511 http://www.43104kanri.com
太平不動産株式会社	〒002-8011　札幌市北区太平11条5-1-8 011-772-2103 http://www.taihei.jpn.org/
竹内建設株式会社	〒062-0051　札幌市豊平区月寒東1条18-1-35 0120-37-5518 http://www.tk2430.co.jp
株式会社ホームスター	〒078-8237　旭川市豊岡7条8-1-15 0166-38-8333 http://www.homestar-jp.com
株式会社ホーム創建	〒080-0015　帯広市西5条南31-1-50 0155-26-1007 http://www.homesouken.co.jp
青森県	
株式会社大川地建	〒036-8095　弘前市大字城東4-4-4 0172-27-7771 http://www.ookawachiken.com

社名	住所／電話番号／HP
株式会社 ハシモトホーム	〒031-0001　八戸市類家 4-5-2 0178-71-1700 http://www.hashimotohome.com

岩手県	
有限会社コパエース	〒026-0054　釜石市野田町 3-4-40 0193-21-2120 http://www.copaace.co.jp/
ダイナステージ 株式会社	〒020-0021　盛岡市中央通 3-17-21 019-656-0300 http://www.dynastage.co.jp/
株式会社 日盛ハウジング	〒020-0857　盛岡市北飯岡 1-1-82 019-613-4181 http://www.palcohome.com/

宮城県	
株式会社あいホーム	〒981-3329　富谷市大清水 1-31-6 022-348-8151 http://www.aihome.biz/
株式会社 タカカツ不動産	〒989-6116　大崎市古川李埣 1-1-21 0229-21-8561 https://www.takakaz-fudosan.com/
株式会社高橋住研	〒988-0121　気仙沼市松崎萱 90-22 0226-23-1265 http://www.takajyu.jp/

山形県	
新山形ホームテック 株式会社	〒990-2431　山形市松見町 12-5 0233-28-8581 http://www.shinyamagata-h.co.jp/
有限会社 住まいるーむ情報館	〒991-0041　寒河江市寒河江字横道 137 0237-86-6396 http://www.sumai-room.com/
株式会社セレサ	〒990-0067　山形市花楯 2-18-71 023-625-7325 http://www.cereza.co.jp/

社名	住所／電話番号／HP
福島県	
株式会社 ku-noie	〒963-0111　郡山市安積町荒井字遠所 10-33 024-954-6710 http://www.ku-noie.com/
有限会社リブシティ	〒963-8021　郡山市桜木 2-22-2 024-973-8005 http://www.livecity.jp/

茨城県	
株式会社アイアール	〒300-0045　土浦市文京町 4-8 コーエイビル 203 029-879-5683 http://www.ir-estate.co.jp
家づくり ナイスホームズ 株式会社	〒310-0852　水戸市笠原町 245-1 029-305-3688 http://www.nice-homes.co.jp
株式会社有徳	〒306-0405　猿島郡境町塚崎 992-1 0120-87-5626 https://www.onlyonehouse.jp/
株式会社うらら	〒305-0051　つくば市二の宮 2-13-6 029-886-5270 https://www.c21urara.com/
株式会社オクスト	〒306-0235　古河市下辺見 2704 0280-30-3355 http://www.oxto.co.jp/
株式会社 カイテキホーム	〒305-0816　つくば市学園の森 3-29-6 029-828-4877 http://www.tochisma-tsukuba.com/

栃木県	
小金井不動産 株式会社	〒320-0851　宇都宮市鶴田町 1366-1 028-612-3667 http://www.koganei-f.com/index.html
とちぎ未来開発 株式会社	〒328-0075　栃木市箱森町 36-17 0282-24-5687 http://tochimira.co.jp/

社名		住所／電話番号／HP
埼玉県		
株式会社アイザック・アソシエイツ		〒330-0056　さいたま市浦和区東仲町28-22 048-816-8455 https://www.isaacassociates.net
株式会社 アットホームズ		〒367-0042　本庄市けや木1-2-1 0495-24-6688 http://www.at-homes1.co.jp
川木建設株式会社		〒350-1117　川越市広栄町4-16 049-242-2112 http://ikasu.co.jp
株式会社 グリーンボックス		〒345-0821　南埼玉郡宮代町中央3-3-8 山坂ビル2F 0480-48-6333 http://green-box.co.jp
狭山不動産 株式会社	狭山店	〒350-1307　狭山市祇園2-13 04-2958-0077 http://www.sayama-f.co.jp/sayama/
	所沢店	〒359-1118　所沢市けやき台2-31-3 04-2939-0077 http://www.sayama-f.co.jp/tokorozawa/
	入間店	〒358-0003　入間市豊岡1-4-30 04-2964-5111 http://www.sayama-f.co.jp/iruma/
株式会社 サンエイハウス		〒338-0822　さいたま市桜区中島1-21-21 048-856-0607 http://www.sanei-house.co.jp
ハウスウェル 株式会社		〒330-0852　さいたま市大宮区大成町3-414 ハウスウェルスクエア 048-662-1011 http://www.housewell.jp
株式会社 不動産管理システム		〒331-0804　さいたま市北区土呂町1-12-4-101 048-665-0361 http://www.fks.co.jp
松井産業株式会社		〒341-0032　三郷市谷中281-1 三郷中央センターマークス1F 048-953-7771 http://www.matsui-sangyou.co.jp/

千葉県	
株式会社 K-コンサルティング	〒277-0005　柏市柏4-5-10 サンプラザビル1F 0120-973-683 http://kconsulting.co.jp/

社名	住所／電話番号／HP
武田不動産株式会社	〒273-0855　船橋市馬込西 1-1-2 047-430-1511 http://www.takedafudousan.net
株式会社 千葉住宅企画	〒273-0005　船橋市本町 7-15-12 047-409-0406 http://chiba-jk.co.jp

東京都	
有限会社ウエブン	〒166-0002　杉並区高円寺北 2-41-13 ARPLEON 03-3337-4440 http://www.uebun.co.jp/
株式会社 GIVE THREE	〒169-0075　新宿区高田馬場 4-1-6-3F 03-5332-5058 http://givethree.co.jp/
株式会社スリーワイズエステート	〒105-0004　港区新橋 2-1-10 第一田村町ビル 1F 03-6550-9225 http://www.3wise.co.jp/
中央企画株式会社	〒206-0033　多摩市落合 1-7-12 ライティングビル 1F 042-371-0303 http://www.chuo-net.co.jp/
株式会社 ティーエムシー	〒113-0024　文京区西片 1-17-4 ハイツ西片 1F 03-3830-7722 https://tmc-r.jp/
株式会社 東京ハウスナビ	〒171-0021　豊島区西池袋 3-25-13 リバーストーンビル 5F 03-5957-1723 http://ikebukuro.t-housenavi.com
拝島住宅産業 株式会社	〒196-0014　昭島市田中町 1-9-1 042-542-7711 http://www.c21-haijima.co.jp
番頭株式会社	〒108-0074　港区高輪 2-19-20 ハイライト高輪 2F 03-5793-5350 http://bantoh-realestate.com/
株式会社 ファミリー コーポレーション	〒104-0061　中央区銀座 6-10-1 GINZA SIX11F 03-6228-5861 http://familycorporation.co.jp/
ミノラス不動産 株式会社	〒143-0015　大田区大森西 6-15-20 イサミヤビル 03-3767-0067 http://www.minorasu.co.jp/
明成企画株式会社	〒167-0051　杉並区荻窪 4-13-16 03-3220-3131 http://meiseikikaku.jp/souzoku/

社名	住所／電話番号／HP
合同会社 山崎不動産相談室	〒101-0032　千代田区岩本町 2-18-16-701 090-6535-0208 http://yamazaki-realestate.jp/
リーガル不動産 株式会社	〒152-0012　目黒区洗足 2-15-22 山中ビル 1F 03-6451-2600
株式会社リブレット	〒152-0035　目黒区自由が丘 1-12-11 03-5731-9980 http://www.livlet.co.jp

神奈川県	
有限会社礎	〒234-0051　横浜市港南区日野 5-29-59 045-842-9473 http://www.mrdgold.com/isizue/
ジェクト株式会社	〒211-0053　川崎市中原区上小田中 6-20-2 044-755-1818 http://www.jecto.co.jp/
日経管財株式会社	〒231-0005　横浜市中区本町 1-7 東ビル 503 号 045-323-9211 http://www.nikkeikanzai.co.jp
株式会社日立ホーム	〒220-0004　横浜市西区北幸 2-15-1 東武横浜第 2 ビル 1F 045-316-8821 http://www.hitachihome.co.jp/
富士リアルティ 株式会社	〒251-0052　藤沢市藤沢 1051-5 TAIKI3BLDG4F 0466-50-7000 http://www.fj-r.jp/
株式会社水落建設	〒251-0015　藤沢市川名 801 0466-26-1601 http://mizuochi.co.jp/

新潟県	
有限会社 タイセイプラン	〒950-0084　新潟市中央区明石 1-6-20 025-250-5271 http://www.taiseyplan.com/
ハーバーエステート 株式会社	〒950-0853　新潟市東区東明 5-1-1 東明プラザ内 025-250-7008 http://www.niigata-tochi.com
株式会社 マスターマインド	〒950-0913　新潟市中央区鐙 1-1-22 025-250-7633 http://www.mastermind-co.jp

社名	住所／電話番号／HP
富山県	
前田プランニングオフィス&オフィスかんざい	〒933-0856　高岡市鐘紡町5-2 0766-25-5500 http://www.maedaplan.jp　http://www.office-kanzai.com
石川県	
株式会社クラスコ	〒920-0024　金沢市西念4-24-21 076-233-6006 http://www.crasco.jp
宏州建設株式会社	〒920-0025　金沢市駅西本町1-3-15 076-263-5355 http://www.koshukensetsu.co.jp
株式会社さくらホーム	〒921-8805　野々市市稲荷2-52 0120-429-955 http://www.sakura-home.co.jp/
福井県	
有限会社タツノ不動産	〒918-8017　福井市下荒井町17-1-22 0776-38-6120 http://www.tatsuno-f.jp/
中島商事株式会社	〒910-0006　福井市中央3-3-3 中島ビル2F 0776-24-5546
山梨県	
株式会社エスティケイ	〒400-0035　甲府市飯田2-4-1 エスティケイビル1F 055-222-6400 http://www.rea-stk.co.jp/
中村管材株式会社	〒406-0035　笛吹市石和町広瀬1374-71 055-263-0044 http://www.home-s.jp
有限会社ライフポート	〒400-0043　甲府市国母2-22-5 055-228-2822 http://www.lifeport.co.jp/

社名	住所／電話番号／HP
長野県	
軽井沢商事株式会社	〒389-0112　北佐久郡軽井沢町中軽井沢 5-7 0267-45-5915 http://www.karuizawashoji.co.jp/
株式会社サンポー	〒399-4117　駒ヶ根市赤穂 1298-2 0265-83-1172 https://www.sanpoo.co.jp/

社名	住所／電話番号／HP
岐阜県	
株式会社丸泰	〒500-8241　岐阜市領下 6-46 058-246-5181 http://www.maruyasu-gr.co.jp/souzoku/
株式会社山幸建設	〒503-0401　海津市南濃町津屋 2371-1 0584-57-2421
ユージーハウス株式会社	〒502-0857　岐阜市正木 1253 058-232-2103 https://www.ug-house.com

社名	住所／電話番号／HP
静岡県	
株式会社アセットコンサルティング	〒420-0857　静岡市葵区御幸町 6 静岡セントラルビル 6F 054-269-5557 http://www.myfp.co.jp/
グラウンド・ワークス株式会社	〒437-0064　袋井市川井 873-4 0538-45-3313 http://ground-works.biz/
株式会社さくらパートナーズ	〒414-0045　伊東市玖須美元和田 716-461 0557-35-9157 http://www.sakura-partners.co.jp/
株式会社マストレ	〒432-8061　浜松市西区入野町 20002-28 053-448-5656 https://souzoku.masstrading.co.jp/
有限会社 LOHAS	〒417-0043　富士市荒田島町 8-16 0120-708-728 http://www.kobo-lohas.jp/

社名	住所／電話番号／HP
愛知県	
株式会社 あいち不動産 コンサルタンツ	〒448-0802　刈谷市末広町2-2-18 0566-23-1226 http://www.aichi-rc.com/
アーバン・スペース 株式会社	〒463-0024　名古屋市守山区脇田町303 052-737-1458 http://www.u-space.co.jp/
岡崎製材株式会社	〒443-0045　蒲郡市旭町11-12 0533-65-8581 http://www.okazaki-seizai.co.jp
株式会社オノコム リノベ不動産 つつじが丘店	〒440-0853　豊橋市佐藤2-9-16 0532-64-5099 http://www.onocom.co.jp/
株式会社KENbridge	〒466-0027　名古屋市昭和区阿由知通3-23 ソレイユ御器所1F 052-251-2567
ゴールドトラスト 株式会社（本社）	〒450-0002　名古屋市中村区名駅3-11-22 IT名駅ビル1F 052-588-2020 http://www.goldtrust.co.jp
株式会社米増不動産	〒491-0859　一宮市本町1-2-17 米増ビル4F 0586-23-2711 http://komemasu.jp/
株式会社真永通商	名古屋市千種区 出店準備中 http://www.shineigr.co.jp/vision.html
株式会社シンホリ	江南市 出店準備中 http://www.shinhori.co.jp/index.html
センチュリー21 興和不動産株式会社	〒468-0015　名古屋市天白区原4-201 052-805-8151 http://www.homenet.ne.jp
トゥモローハウス 株式会社	〒468-0009　名古屋市天白区元植田2-1610-1F 052-848-6332 http://www.tomorrow-house.com/
株式会社トスコ	〒490-1211　あま市篠田南長無15-1 052-459-0788 http://www.tosco.tv/
トチスマ・ショップ 赤池店	〒470-0126　日進市赤池町村東112-1 052-807-3227 http://www.tochisma-akaike.com

社名	住所／電話番号／HP
トチスマ・ショップ 岡崎店	〒444-0840　岡崎市戸崎町字越舞 28-5 0564-84-5193 http://www.tochisma-okazaki.com
中尾建設工業株式会社	〒446-0026　安城市安城町社口堂 75 0566-76-5321 https://nakaohome.co.jp/
パティーナ株式会社	〒444-0009　岡崎市小呂町字 4-50 0564-65-8666 http://patinacorporation.com
株式会社 ファーストホーム	〒457-0841　名古屋市南区豊田 1-15-9 052-698-2224 http://www.first-hm.com/
株式会社 ホームプランナー	〒451-0064　名古屋市西区名西 2-32-16 052-522-2223 http://www.homeplanner.co.jp
株式会社三鴨地所	〒494-0003　一宮市三条字賀 111-1 0586-61-7041 http://www.mikamo.co.jp
リンクデザイン 株式会社	〒441-8052　豊橋市柱三番町 74 0532-47-8531 http://linkdesign.co.jp/

三重県	
株式会社 エイト不動産 Lab	〒514-0033　津市丸之内 18-15 近坂ビル 1F 059-226-0801 http://www.e-fudousan-lab.com/
有限会社北山建築	〒515-0075　松阪市新町 995 0598-25-2820 https://kokorohome.co.jp/
ゴールドトラスト 株式会社 三重営業所	〒510-0834　四日市市ときわ 1-2-18 059-359-5559 http://www.goldtrust.co.jp
株式会社 ハートランド	〒514-0111　津市一身田平野 318-5 059-231-8811 http://heart-land.cbiz.co.jp/
マルキ産業有限会社	〒515-2122　松阪市久米町 1150-1 0598-56-7191 https://www.mie-maruki.jp/
株式会社メイゴー	〒511-0912　桑名市星川 842-6 0594-33-0701 https://kuwana-housedo.com

社名	住所／電話番号／HP
滋賀県	
株式会社 木の家専門店 谷口工務店	〒520-0057　大津市御幸町 1-56 0748-57-1990 http://www.taniguchi-koumuten.jp
sublime　守山店 不動産販売 株式会社	〒524-0042　守山市焔魔堂町 236 077-582-3300 http://www.sublimehome.jp
南草津店	〒525-0059　草津市野路 4-1-7 077-565-7751
株式会社 トラストエージェント	〒522-0066　彦根市栄町 2-6-65 0749-26-2103 http://www.trustagent2015.com/
華建築株式会社	〒523-0892　近江八幡市出町 162-2 0748-32-8715 http://hanakenchiku.jp/
京都府	
株式会社 京都ベストホーム	〒610-0334　京田辺市田辺中央 1-6-3 2 F 0774-66-3083 http://besthome.ne.jp/kyoto/
ディランド山京リース 株式会社	〒611-0041　宇治市槇島町十一 49-4 0774-20-5115 http://www.d-y.jp/
株式会社朝衛	〒625-0036　舞鶴市浜 299 0773-64-3333 http://www.tomoe.ne.jp
株式会社 ライフ住宅販売	〒600-8385　京都市下京区五坊大宮町 96-6 075-813-3700 http://www.c21-life.com/
大阪府	
アセット・マスターズ 株式会社	〒542-0081　大阪市中央区南船場 4-4-15 末広ビル 3F 06-6252-3077 http://www.asset-masters.co.jp
アドヴァンス アーキテクツ 株式会社	〒594-0082　和泉市富秋町 2-8-11 072-247-8751 https://www.advance-architect.co.jp/

社名	住所／電話番号／HP
ウエストエリア株式会社	〒552-0002　大阪市港区市岡元町3-13-5 ウエストエリアビル 06-6585-6963 http://www.westarea.co.jp/
株式会社ウェルカムホーム	〒573-0057　枚方市堤町10-24 鍵屋別館 072-396-9071 http://welcome-home.co.jp/
株式会社エスクリエイト	〒596-0045　岸和田市別所町3-10-3 エスクリエイト本社ビル2F 072-437-8600 http://fudousansouzoku.jp/
株式会社NSホーム	〒590-0142　堺市南区檜尾567-1 072-289-8216 http://nanshugroup.co.jp/index.html
株式会社住宅ファミリー社	〒533-0022　大阪市東淀川区菅原5-5-27 アミル8（1F） 06-6327-6633 http://www.jyuutaku-family.co.jp
大伸住宅株式会社	〒569-1131　高槻市郡家本町12-1 072-685-1101 http://www.djj.co.jp/
有限会社大和エステート	〒593-8324　堺市西区鳳東町5-456-1 アララギビル2F 072-271-7800 http://www.chintaihouse.net/
だんらん住宅株式会社	〒530-0041　大阪市北区天神橋3-2-28 ノーブル南森町1102号 06-6354-2001 http://danran-j.jp/
有限会社トラスティーサービス	〒573-0032　枚方市岡東町17-5-101 072-841-2294 http://www.trustee.co.jp/
南部建設株式会社	〒545-0052　大阪市阿倍野区阿倍野筋4-9-14 06-6622-0645 http://www.nambu.co.jp/
株式会社ネイブレイン	箕面市出店準備中 http://www.nabrain.com
株式会社寝屋川住宅センター	〒572-0006　寝屋川市美井元町10-25 072-812-2121 http://www.neyajyu.co.jp/
株式会社ベストホームサービス	〒571-0030　門真市末広町43-14 06-7670-7771 http://www.besthome.ne.jp/
株式会社ホーネスト	〒579-8051　東大阪市瓢箪山町2-18 072-984-5699 http://www.ho-nest.co.jp/

社名	住所／電話番号／HP
株式会社 momotarou 不動産	〒 564-0024　吹田市高城町 15-4 MJBLDG1F 06-6319-7166 http://www.momotaroufudousan.co.jp
株式会社 ラックハウジング	〒 574-0033　大東市扇町 6-17 072-806-5517 http://www.luckhousing.info/
リジュネビルド 株式会社	〒 573-0007　枚方市堂山 1 -13-10 072-847-2712 https://www.zennichi.net/m/rejune/
株式会社リンク アップエステート	〒 540-0012　大阪市中央区谷町 3-4-5 中央谷町ビルディング 103 06-6946-3940 http://www.linkup-estate.co.jp/
有限会社 ワンダーランド	〒 556-0015　大阪市浪速区敷津西 1-1-25 06-6643-5755 http://0120720901.com

兵庫県	
IELL+ (イエールプラス)	〒 670-0912　姫路市南町 76 城陽ビル 3F 0120-480-880 http://www.iellplus.jp
逆瀬川はうじんぐ 株式会社	〒 665-0021　宝塚市中州 1-15-34 コーポマツダ 1F 0797-71-3662 http://www.sakasegawahousing.jp/
株式会社高翔	〒 659-0062　芦屋市宮塚町 12-21 0797-21-3313 http://takasho.net/
吉永建設株式会社	〒 666-0124　川西市多田桜木 1-2-14 072-792-2600 http://www.yoshinaga-group.jp/

奈良県	
株式会社クレイル	〒 630-0257　生駒市元町 1-3-15 0743-75-5477 http://www.crail.co.jp/
株式会社 日本中央住販	〒 630-8001　奈良市法華寺町 70-1 0742-30-3332 http://home-ncj.co.jp

社名	住所／電話番号／HP
和歌山県	
株式会社タナベハウス	〒646-0003　田辺市中万呂 869-40 0739-26-9668 http://www.tanabehouse.com/
株式会社 サンクリエーション 三木町支店	〒640-8119　和歌山市和歌町 33 073-488-3467 http://rpartner.jp

社名	住所／電話番号／HP
鳥取県	
株式会社島津組	〒683-0009　米子市観音寺新町 3-4-29 0859-33-1319 http://www.shimazugumi.com/
福山建築	〒682-0023　倉吉市山根 539-1 0858-27-0112 http://happy-mountain.jp/
ほくしん株式会社	〒680-0846　鳥取市扇町 71　ビエントビル 1F 0857-25-0505 http://web-hokushin.jp/
株式会社ヤマタホーム	〒680-0911　鳥取市千代水 2-130 0857-30-5211 http://www.yamata.co.jp/

社名	住所／電話番号／HP
島根県	
岩見建設有限会社	〒698-0041　益田市高津 8-1-24 0856-22-8268 http://www.r-iwami.jp/
トチスマ・ショップ 出雲店	〒693-0004　出雲市渡橋町 1198 0853-31-4666 http://www.tochisma-shimane-higashi.com/
トチスマ・ショップ 松江店 (株式会社微笑らんど)	〒690-0055　松江市津田町 355 0852-33-7408 http://www.tochisma-shimane-higashi.com/
ハウジング・スタッフ 株式会社	〒690-0056　松江市雑賀町 240 0852-67-2235

社名	住所／電話番号／HP
岡山県	
AIOS 株式会社	〒710-0065　倉敷市宮前 355-1 086-424-8008 http://aios.co/
佐藤建設株式会社	〒700-0974　岡山市北区今村 651-111 0868-72-3434 http://satoukensetsu.co.jp
広島県	
株式会社 A プロジェクト	〒733-0035　広島市西区南観音 1-2-19 082-295-1510
株式会社ゴジョウ	〒731-5108　広島市佐伯区石内南 1-21-11 082-941-7620 http://gojyou.co.jp/
株式会社日興ホーム	〒739-0041　東広島市西条町寺家 3847-2 082-421-0055 http://www.nikko-home.com/
株式会社 フジミコーポレーション	〒720-0821　福山市東川口町 2-1-18 084-973-2038 http://www.tochisma-fukuyama.com
株式会社フレア	〒730-0834　広島市中区江波二本松 1-16-27 082-232-3414 http://www.flea.co.jp
株式会社 ライフステージ	〒720-2124　福山市神辺町川南 338-1 084-966-3789 http://www.zero-style.info
山口県	
株式会社公司	〒745-0851　周南市大字徳山 6676-1 0834-33-8193 https://www.rplus-shunan.jp/
安本建設株式会社	〒740-0012　岩国市元町 1-2-14 0827-22-5500 https://www.yasumoto.co.jp/

社名	住所／電話番号／HP
香川県	
株式会社 大河内工務店	〒761-8076　高松市多肥上町字宮尻1490 0875-63-4355 http://www.okochi.co.jp/
株式会社大丸工業	〒763-0095　丸亀市垂水町3145-1 0877-28-2855 http://www.ahomes.info/
愛媛県	
カジワラホーム 株式会社	〒799-0113　四国中央市妻鳥町1210-1 0896-56-7701 https://ssl.kajiwara-home.com/
ささき建設株式会社	〒799-0721　四国中央市土居町上野2950-1 0896-74-8680 http://www.sasakikensetu.co.jp/
株式会社トータル エステート・プロ	〒793-0041　西条市神拝甲230-1 0897-58-5551 http://www.tepsystem.com/
福岡県	
株式会社 アイ住宅サービス	〒804-0064　北九州市戸畑区沖台2-3-10 093-882-1001 https://www.ai-jyutaku.com
株式会社 イーコムハウジング	〒819-0167　福岡市西区今宿1-1-31 092-406-1156 http://www.e-comhousing.jp/
駅前管理システム 株式会社	〒830-0003　久留米市東櫛原町2851-1 0942-39-0777 http://www.ekimae-kanri.com/
有限会社 サークル.テン	〒807-0807　北九州市八幡西区本城学研台1-3-1 093-695-0987 http://www.circle10.jp
株式会社 ワイズパートナー　本社	〒812-0015　福岡市博多区山王1-16-33 0120-977-100 http://ys-p.com/
小倉支店	〒802-0005　北九州市小倉北区堺町1-1-1 JTB小倉ビル1F 0120-830-833

社名	住所／電話番号／HP
佐賀県	
株式会社栗原不動産	〒847-0031　唐津市原 1471-1 0120-75-1471 http://www.karatsu-estate.com
長崎県	
小宮建設株式会社	〒851-2214　長崎市鳴見町 90-4 095-865-8031 http://www.komiyakensetsu.com/
トチスマ・ショップ 佐世保店	〒857-1165　佐世保市大和町 939-15 0956-32-1839 http://www.tochisma-sasebo.com
熊本県	
有限会社 ウエダホーム	〒861-3105　上益城郡嘉島町上六嘉 25-1 096-288-9718 http://www.uedahome.com/
コーエイ株式会社	〒861-1324　菊池市野間口 338-1 0968-23-7100 http://www.ko-eihome.jp/
トチスマ・ショップ 熊本中央店	〒862-0976　熊本市中央区九品寺 5-8-9 096-223-5064 http://www.tochisma-kumamoto-chuo.com
株式会社 中村不動産開発	〒869-0406　宇土市三拾町 201-2 0964-22-0815 http://www.nakafu.com/
株式会社 明和不動産	〒860-0804　熊本市中央区辛島町 4-35 096-322-5555 https://www.meiwa.jp/
株式会社 リアルサービス	〒862-0952　熊本市東区花立 5-1-6 幸ビル 1F 096-283-7772 http://www.realservice.ne.jp
大分県	
リライフ不動産 株式会社	〒870-0939　大分市中津留 1-1-23 097-574-7112 http://www.oitafudousan.com

社名	住所／電話番号／HP
宮崎県	
株式会社 日向楽建築工房	〒889-1406　児湯郡新富町大字新田 472-1 0983-32-0557 http://hyugaraku.co.jp/index.html
リブライフサポート 株式会社	〒880-0916　宮崎市恒久 956-1 0985-50-4137 http://www.mutenka-l.com/
鹿児島県	
有限会社太陽開発	〒890-0063　鹿児島市鴨池 2-1-12 スカイビル 2F 099-255-3623 http://mansion.taiyou1991.com/
沖縄県	
有限会社 朝日ハウジング	〒903-0117　中頭郡西原町翁長 240-3 098-946-6453 http://www.asahi-okinawa.com/
新垣産業株式会社	〒905-0005　名護市為又 1219-87 0980-52-3635 http://www.arakaki-sangyou-fudousan.jp/
株式会社 沖縄キャリー	〒900-0011　那覇市上之屋 1-18-36-3F 098-894-4124 http://www.okinawa-carry.co.jp
株式会社 シナジープラス	〒901-2424　中頭郡中城村南上原 1007 読谷オフィス 3･4F（受付 3 階） 098-963-9266 http://www.synergy-plus.co.jp/
株式会社 ジョインホーム	〒901-0244　豊見城市宜保 2-7-11 サンパレス 205 号 098-996-5325 http://joinhome.co.jp/

相続《そうぞく》で成功《せいこう》するポイントは不動産《ふどうさん》のプロが知《し》っている！

2018年12月19日　初版第1刷

著　者 ―――― 大澤健司《おおさわけんじ》・不動産相続《ふどうさんそうぞく》の相談窓口《そうだんまどぐち》
発行者 ―――― 坂本桂一
発行所 ―――― 現代書林
〒162-0053　東京都新宿区原町3-61　桂ビル
TEL／代表　03（3205）8384
振替 00140-7-42905
http://www.gendaishorin.co.jp/
デザイン ―――― 中曽根デザイン
イラスト ―――― にしだきょうこ

印刷・製本：(株) シナノパブリッシングプレス
乱丁・落丁はお取り替えいたします。
定価はカバーに表示してあります。

ISBN978-4-7745-1729-2 C0036